すぐ実践できる！
アクティブ・ラーニング
高校 英語

シリーズ編集 **西川 純**
著者 江村直人・新名主敏史

学陽書房

まえがき

● **大変革がはじまった**

　アクティブ・ラーニングという言葉がこの1～2年で急激に広がりました。その広がり方は「言語活動の充実」のときとはまったく違います。たとえば、言語活動の充実のときは、「ま、話し合い活動を増やせばいいのね。じゃあ、大丈夫」という雰囲気がありました。

　しかし、今回は違います。新学習指導要領の答申の出る数年も前からアクティブ・ラーニングは大きな話題になりはじめました。

　一方で、地方の教育委員会の中には、新学習指導要領の答申が発表されたあとでさえ「アクティブ・ラーニングは今までの実践の延長上にあります（つまり、少しやればいい）」と言ったり、はては「アクティブ・ラーニングは既に我々のやっている実践です（つまり、何もしなくてもいい）」と言ったりしています。「言語活動の充実」が学習指導要領に謳われたときには「言語活動の充実は今までの実践の延長上にあります」と言ったり、はては「言語活動の充実は既に我々のやっている実践です」と言ったりはしなかったと思います。「言語活動を充実しましょう」と指導していたはずです。なぜ、今回は違うのでしょうか？

　怖いのです。今回のアクティブ・ラーニングはその程度では済まないことを地方の教育委員会も感じているからです。

　日本の学校教育は今までに二度、大きな変革がありました。
　第一は、近代学校教育制度が成立した明治の初めです。第二は、終戦直後、戦後教育の誕生です。そして今回は、その二つに匹敵するほどの

大きな改革になります。今までの「総合的な学習の時間」の導入、「言語活動の充実」、また、「道徳の教科化」とはレベルの違う改革です。

　それは近代学校教育制度が成立した根幹を根本的に変える大改革なのです。

● あなたがキーパーソン

　本書を手に取っている方は、そのようなことを感じられるアンテナを持っている方だと思います。そして、アクティブ・ラーニングの本や雑誌を読み、対応すべきであることを理解している方です。

　しかし、アクティブ・ラーニングに対応できそうな単元は思いつくが、逆に、アクティブ・ラーニングでどのように指導したらよいかイメージができない単元もあると思います。1年間の指導をバランスよくトータルにアクティブ・ラーニングで指導するには、さまざまな単元、場面での指導の実際を知る必要があります。

　本書はそうしたあなたのための本です。

　本書ではアクティブ・ラーニングで英語の教科指導をしている高校の先生方の実践のノウハウを紹介しております。ぜひ、参考にしてください。使えるならば、そのまま使ってください。どうぞ。

　しかし、アクティブ・ラーニングは実は自由度の高いものです。本書を通してさまざまな実践を知ることによって、「あなた」独自のものを生み出してください。本書はそのきっかけになると思います。

　さあ、はじめましょう！

上越教育大学教職大学院教授
西川　純

一斉授業と
アクティブ・ラーニングの違いって？

▶ 一斉授業の場合

- 教師が一方的に講義をし、生徒は静かに座っているのが望ましい。
- 教師のペースで授業が進む。生徒は黙っている。
- わからない生徒がいても授業は進む。

▶ アクティブ・ラーニングの場合

- 教師は課題を与え、生徒は生徒同士で教え合い、学び合う。
- 生徒は能動的に動き、他の子に教えたり、質問したりする。
- わからない生徒は、わかるまでクラスメートに聞くことができる！

アクティブ・ラーニングの授業を見てみよう！

❶ 授業開始

高校の教室。授業開始です。まず、教師が簡潔にこの授業時間での課題と目標を5分以内で伝えます。この時必ず「全員達成」を求めます。課題は黒板に板書したり、プリントを渡したりして、生徒が明確にわかるようにします。

❷ 「Let's start !」で動きはじめる

「Let's start !」という教師の声で生徒たちが動きはじめます。生徒が課題に取り組む活動時間を最大限確保することが大事です。活動時間が長いほど学習効果は倍増します。

❸ グループが生まれる

生徒はまず思い思いのグループをつくり、最初は自分ひとりで課題を解きはじめます。

だんだん、「わからないから教えて」「ここってどういう意味?」など生徒同士で学び合ったり、教え合ったりしはじめます。

❹ どんどん関わり合いが増えていく

- どんどん関わり合いが増えていきます。

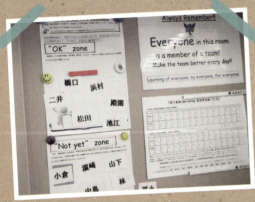

- 誰ができていて、誰ができていないかを生徒同士でわかって助け合えるように、ネームプレートを使ったりして可視化、できた人はネームプレートを指定の場所に移すなどします。

- 教師は全体の様子を見ながら、進行状況などについて声をかけるなどします。

5 全員が達成したか振り返る

　最後に全員が課題を達成できたかどうかを5分以内で振り返ります。
「次は達成するために、どう動いて助け合ったらいいのか考えよう！」
と教師は生徒自身に次への戦略を考えさせる投げかけをします。

　こうしたアクティブ・ラーニングの授業を繰り返すうちに、生徒はどんどん全員達成のための戦略を考えるようになり、わからない友だちに教えるために予習してくる生徒まで出てきます。
　そして、全員の成績がぐんぐん上がり、他者と関わり合いながら課題を発見したり、問題を解決する力がみるみる伸びていきます。
　アクティブ・ラーニングの授業は実はカンタンに取り組めます！ ぜひ本書を読んで、トライしてみてください！

すぐ実践できる！　アクティブ・ラーニング　高校英語
CONTENTS

まえがき　2
一斉授業とアクティブ・ラーニングの違いって？　4
アクティブ・ラーニングの授業を見てみよう！　5

CHAPTER 1　アクティブ・ラーニングの授業ってどんなもの？

1　アクティブ・ラーニングはいまなぜ必要か？　14
2　入試のためにもアクティブ・ラーニングは必要になる！　16
3　即戦力を育てる授業とはどんな授業であるべきか？　18
4　アクティブ・ラーニングの授業イメージ　20
5　アクティブ・ラーニングの実際の授業を見てみよう！（前半）　22
6　アクティブ・ラーニングの実際の授業を見てみよう！（後半）　24
7　アクティブ・ラーニングへの生徒の感想　26
8　アクティブ・ラーニングへの先生の感想　28

COLUMN　実践事例
前向きになった生徒たち　30

COLUMN　『学び合い』によるアクティブ・ラーニングの「学校観」と「子ども観」　32

CHAPTER 2 アクティブ・ラーニングが生徒と授業を変える！ 事例編

1 事例1　「一人も見捨てない」の実現を目指して　34
2 事例2　アクティブ・ラーニングの授業にいたった経緯とその後　42

COLUMN 実践事例
特に印象に残った生徒の変化　50

COLUMN アクティブ・ラーニングはなんでもアリではない　52

CHAPTER 3 はじめよう！アクティブ・ラーニング 準備・授業編

1 準備編1　アクティブ・ラーニングをはじめる心構え　54
2 準備編2　目標・課題設定　56
3 準備編3　評価と評価基準　58
4 準備編4　初めてやってみるときのポイント　60
5 準備編5　学び合いやすい環境づくり　62
6 授業編1　授業のはじめに生徒に伝えること　64
7 授業編2　授業中の見取り　66
8 授業編3　授業中の声かけ　68
9 授業編4　学習状況の可視化　70
10 授業編5　授業の最後、振り返りの時間にすべきこと　74
11 評価編1　定期試験　76
12 評価編2　音読テスト・パフォーマンステスト　78
13 評価編3　生徒による自己評価　80

COLUMN 実践事例
アクティブ・ラーニングで見えること　82

COLUMN　アクティブ・ラーニングは方法ではない。教師の腹が成功のカギ　84

CHAPTER 4 やってみよう！アクティブ・ラーニング　課題づくり編

1　課題づくりで意識していること　86
2　他者と関わり合う課題設定をしよう　88
3　Vocabularyに関する課題　90
4　Readingに関する課題（サイトトランスレーション）　94
5　Readingに関する課題（スキミング）　96
6　Readingに関する課題（スキャニング）　98
7　Readingに関する課題（読解力）　100
8　Grammarに関する課題　102
9　例文暗唱に関する課題　104
10　Listeningに関する課題　106
11　Speakingに関する課題　108
12　Writingに関する課題　110
13　Speaking、Writingに関する課題　112
14　数時間にまとめて任せる課題　114

COLUMN 実践事例
クラス全体の変化　116

COLUMN　これからの教師の職能とは何か？　118

CHAPTER 5 困ったときにはどうすればいい？ アクティブ・ラーニング Q&A

- Q 1　なかなか全体が動かないのですが？　120
- Q 2　活動中、ずっと一人きりの生徒が気になるのですが？　122
- Q 3　クラスの雰囲気が暗いのですが？　124
- Q 4　男女など、関わりが固定されるのですが？　126
- Q 5　授業中の声のかけ方がわからないのですが？　128
- Q 6　英語の発音は教師が指導するべきではないですか？　130
- Q 7　テストの点数が上がらないのですが？　132
- Q 8　個別指導・補習で気をつけることはありますか？　134
- Q 9　どうしても「教えてほしい」と言う生徒への対応は？　136
- Q 10　「先生は教えないのですか」と言う保護者への対応は？　138
- Q 11　授業評価アンケートが心配なのですが？　140
- Q 12　同僚に理解してもらうには？　142

COLUMN 実践事例
ビジネスの現場で本当に必要になる英語力　144
　COLUMN　評価はどうすればいいのか　146

読書ガイド　147

CHAPTER 1

アクティブ・ラーニングの授業ってどんなもの？

STEP 1 アクティブ・ラーニングはいまなぜ必要か？

＼ 社会全体からいま要請されていること ／

　新学習指導要領の答申が出て、「『主体的・対話的で深い学び』の実現（アクティブ・ラーニングの視点）」を重視した授業づくりの方向性が示されました。大きな方向性の転換だと思います。しかし、私が現場の先生に理解してほしいのは、文部科学省がこの方向性を示したからアクティブ・ラーニングをやる、というだけでは現状認識に不足が生じるということです。

　なぜなら、アクティブ・ラーニングをやらなければならないと考えている主体は学校や文部科学省ではなく、日本政府、特に経済・産業界なのです。

　詳しくは巻末に紹介している関係書籍をお読みいただきたいと思います。簡単に言えば、少子高齢化によって日本国内の市場が急激に縮小し、経済・産業界が人材育成をする余裕がなくなって即戦力を求めるようになったから、教育は変わらざるを得ないのです。

　企業は即戦力となる人を採用し、それ以外の人を採用しなくなっています。具体的には、即戦力となる人を養成できない高校や大学の卒業生は正規採用されません。

　そのため高校も大学も、今後は即戦力の人材になれる生徒しか入学させません。学習指導要領で何が決まっても、何が決まらなくても、就職できるか否かという企業の求める即戦力の基準は影響されません。そし

て、これからは偏差値ではなく、就職できるか否かという基準で、高校も大学も受験者を選ぶようになります。

　入試が激変するのです。

　そのことは、学習指導要領の規定より保護者・子どもには重大なことであり、教師もそのニーズに対応せざるを得ないからです。

大人としてコミュニケーションできること

　企業の求める即戦力とは何でしょうか？　もちろん、個々の知識・技能も含まれます。しかし、それ以上に「大人として自分の責任を認識し、人と協働でき、問題を解決できる人材」であることを求めています。

　小学校の先生にお伺いします。小学生は「大人」だと思いますか？　違うとしたら、では、大人に育てるのはいつですか？　それは中学校、高校の仕事と考えているのではないでしょうか？

　中学校の先生にお伺いします。中学生は「大人」だと思いますか？　違うとしたら、では、大人に育てるのはいつですか？　それは高校、大学の仕事と考えているのではないでしょうか？

　高校・大学の先生にお伺いします。生徒・学生は「大人」だと思いますか？　違うとしたら、では、大人に育てるのはいつですか？　大人に育てるのは社会の仕事、具体的には職場の仕事と考えているのではないでしょうか？

　そして、企業は学校教育にあまり期待せず、人材養成は自分たちでやるものだと考えていました。

　今までは。

　しかし、先に述べたように企業は「それは営利企業の我々の仕事ではなく、学校の仕事だ」と主張しはじめたのです。それがアクティブ・ラーニングが導入される真の理由なのです。

（西川純）

STEP 2 入試のためにもアクティブ・ラーニングは必要になる！

\ 入試と連動しているから避けられない /

　文部科学省は今回のアクティブ・ラーニングの導入について、大学入試を変えることによって徹底するという、今までやったことのないことをやろうとしています。『**新しい時代にふさわしい高大接続の実現に向けた高等学校教育、大学教育、大学入学者選抜の一体的改革について（答申）**』では以下のように書かれています。

> 　18歳頃における一度限りの一斉受験という特殊な行事が、長い人生航路における最大の分岐点であり目標であるとする、我が国の社会全体に深く根を張った従来型の「大学入試」や、その背景にある、画一的な一斉試験で正答に関する知識の再生を一点刻みに問い、その結果の点数のみに依拠した選抜を行うことが公平であるとする、「公平性」の観念という桎梏は断ち切らなければならない。（中略）
> 　「1点刻み」の客観性にとらわれた評価から脱し、各大学の個別選抜における多様な評価方法の導入を促進する観点から、大学及び大学入試希望者に対して、段階別表示による成績提供を行う。

「1点刻み」を明確に否定し、「人が人を選ぶ」個別選抜へ

　答申によれば、センター試験の廃止後、「大学入学希望者学力評価テスト（仮称）」が導入されます。正解のない質問に論理立てて答えるという、詰め込み型教育だけでは答えられないテストにしていく方針が打ち出されています。

　さらに、テストの点数の扱い方が違います。今までのセンター試験では「1点刻み」の結果が受験校に行きます。1点刻みであれば、同一点数の受験者は多くはなく、ある点数以上を全員合格にできます。

　しかし、段階別表示となれば、仮に10点刻みにすれば、その段階の受験者は単純計算で10倍、合否ラインの段階ではさらに膨大になるはずです。とすれば、合否ラインの段階の受験者を全員合格させれば定員大幅超過、逆に全部不合格にすれば大幅定員割れとなり、結果として新テストは足切りには使えますが、それだけで合否を決められません。

　そこで答申では、各大学で独自の入試ポリシーを決めて、それと対応する試験をすることを求めています。その方法は**「小論文、面接、集団討論、プレゼンテーション、調査書、活動報告書、大学入学希望理由書や学修計画書、資格・検定試験などの成績、各種大会等での活動や顕彰の記録、その他受検者のこれまでの努力を証明する資料などを活用する」**と書かれています。つまり、これが合否を定めるのです。

　さらに答申では「『人が人を選ぶ』個別選抜」の確立を謳っています。これからの入試は1点刻みでの選抜ではなく、一定の成績の膨大な人数から、より「思考力・判断力・表現力」をアクティブ・ラーニングで鍛えてきた人が選ばれるようになるのです。

（西川純）

STEP 3 即戦力を育てる授業とはどんな授業であるべきか？

＼ 大人になるための学びとは？ ／

　いままで子どもを大人にしていたのは学校ではなく、社会であり、具体的には企業でした。

　教師であれば採用されて1週間も経てば学校で学んだことは使えないことに気づきます。なぜなら、教材であっても、指導法であってもそれが有効であるか否かは、相手によって変わるからです。つまり、実際に教壇に立ち、子どもを目の前にして、その子たちに合った教材や指導法を考えなければなりません。

　しかし、大学の教職課程では、そんなことは教えてくれません。教師として採用され、現場に配属されて、初めて教師になるための学びがはじまったと思います。

　だから、子どもを大人にする教育はどんなものであるかを理解するには、教師の方ならば、採用されてからの自分を思い出せばよいのです。

　新規採用になったとたんに膨大な業務が与えられます。そのやり方を事細かく教える、小中高の教師のような役割の人は職場にはいません。クラスで起こるさまざまな問題には主体的に取り組まなければなりません。

　若い教師には取り組むための知識・技能はありません。しかし、その学校の子どもたちの実態を知り、どのような教材や指導法が適切かを知っている先輩教師がいます。その先輩から多くのものを得られるか否かは、どれだけ新人自身が先輩たちに協働的であるかがポイントになり

ます。

　では、管理職である校長は何をしているのでしょうか？　若い教師の指導案の書き方の相談に乗るのは校長の仕事ではありません。校長は職員集団を同じ目標に向かうチームにするのが仕事です。そのために、明確な目標を与え、それを納得させ、評価しフィードバックする。それが仕事です。

　アクティブ・ラーニングでは、こうした、大人が担うべき役割を普段の授業のなかで生徒自身がやるのです。

アクティブ・ラーニングは部活のイメージ

　実は、現在の学校教育でもアクティブ・ラーニングを行っています。それは部活です。

　部活を現在の教科指導のように教師が手取り足取り教えなければならないとしたらどうなるでしょうか？　とても成立しないと思います。だから、部活の顧問は細かいところに介入せずに、顧問がいなくても部員が自分たちの頭で考え、自分たちを高められる集団につくり上げようとします。

　部活指導経験のある方だったら、そのときに大事なのは何かご存知でしょう。顧問の一番重要な役割は、部員集団を同じ目標に向かうチームにすることです。そのために、明確な目標を与え、それを納得させ、評価し、フィードバックを与える。それが顧問の仕事です。

　つまり、部活数学、部活古典、部活地歴、部活理科…それがアクティブ・ラーニングの授業のイメージなのです。

(西川純)

STEP 4 アクティブ・ラーニングの授業イメージ

\ アクティブ・ラーニングの授業はこんな授業です /

アクティブ・ラーニングの授業はさまざまなものがあります。本書ではその一つのかたちとして、『学び合い』の理論によるアクティブ・ラーニングをご紹介しましょう（『学び合い』についてはP.32参照）。

① 教師から課題を与え、「全員達成が目標」と伝える（5分以内）

生徒が能動的に動く時間を最大限確保するため、教師の最初の説明はできるだけ5分以内とします。生徒全員を能動的にするため、全員が助け合い、全員が課題を達成することを目標にします。そのため「わからないから教えて」と自分から助けを求めることを奨励します。

② 「Let's start!（さあ、どうぞ！）」と動くことを促し、生徒が動く（約40分）

「どんどん動いて課題を達成してね。Let's start!（さあ、どうぞ！）」と動くことを促します。最初は自分で課題を解いたり周囲の様子をうかがったりして、あまり動きはありません。しかし、そのうち生徒同士で聞き合おうとどんどん動きはじめます。生徒が動く時間を最大限確保することが、アクティブ・ラーニングの成果をアップするカギになります。

③ 成果を振り返る（5分以内）

最後に全員が達成できたかを振り返らせます。学習内容のまとめはしません。全員が達成できなければ、どうしたら次回できるかを考えるように教師は伝えて授業を終わります。企業の社長が社員の細かい仕事をいちいち確認するより、チームの業績をチェックして、チームに解決方法を考えさせるほうが業績が上がるのと同じです。

アクティブ・ラーニングの授業イメージ

1　教師が課題を伝える（5分以内）

・「全員が課題を達成するのが目標」と伝える。
・「わからないから教えて」と自分から動くことを奨励。

2　「Let's start!（さあ、どうぞ！）」と促し、生徒が動く（約40分）

・生徒は最初はまず自分が課題を解くため動かない。
・徐々にほかの子に教える生徒や、教わるために移動する生徒が出て、動きはじめ、グループが生まれていく（教師はグループを強制的につくったりしない）。
・やがて、グループ同士の交流がはじまり、多くの生徒が課題を達成する。まだできない生徒をサポートするメンバーがどんどん増える。

3　成果を振り返る（5分以内）

・「全員が達成」できたかどうかを振り返る。学習内容のまとめはしない。あくまでも、「全員が課題を達成する」という目標に対してどうだったかを振り返らせる。

（西川純）

STEP 5 アクティブ・ラーニングの実際の授業を見てみよう！（前半）

＼ 最初にその時間の課題提示を行う ／

　その時間に何をできるようにするのかという目標をはじめに示すのは、どの授業でも同じかもしれません。『学び合い』によるアクティブ・ラーニングの場合には、それを必ず明示することに加えて、「全員が」それをできるようになることを課題とします。よって、授業開始時に教師は生徒に以下のようなかたちで課題を提示します。

　「全員が、〇〇ページの英文のサイトトランスレーションを自力でできるように理解し、正しい発音で音読できる」

　実際には、予習ができるように、課題は事前に示しておく場合が多いです。高校の英語学習において、特に大学入試や検定試験を意識したものの場合、自宅学習の時間をいかに確保するかということも重要だと考えられるからです。

＼ 活動前の「語り」で学び合うことの意味を伝える ／

　特に初めてアクティブ・ラーニングをする場合や、はじめたばかりのころには、第一にみんなで学び合うことの意味を生徒たちにさまざまな言葉で伝えることが大切です。この「語り」が『学び合い』での教師の重要な役割の一つです。

　例えば、"目標は「全員達成」！　目的は「人格形成」と「集団形成」！"のように、学校で学び合う意味を短い言葉で伝えます。

私自身は、"Everyone in this room is a member of a team! Make the team better every day!!"と教室に掲示しています。語りのときにも、この点を強調するようにしています。
　学習者の頭のなかがアクティブな状態になることを目指すのは従来の授業でも当然大切なことです。それに加えて、アクティブ・ラーニングの定義のなかにある「倫理的能力」の育成のためには、"team learning"の側面を強調し、「"team"の一人も見捨てない」というメッセージを送ったほうが生徒に『学び合い』の核心のイメージが伝わりやすいように思っています。

ルールやコツの説明・確認

　また、「自由に立ち歩いて、自由に話して学び合ってよい」と、授業中に動きまわり、話し合うことを推奨します。ルールはほとんどこれだけですから、何度か実際にこのかたちで授業をしたら、言う必要はなくなります。
　そして、**教師からの説明はすべて、できるだけ短く簡潔にすることがとても大切です。**
　教師一人が全員にわかってもらおうと思って長々語るより、生徒たちが理解しようとする力、生徒集団の力を信じて任せましょう。教師の伝えたかったことは生徒同士がやりとりを重ねるなかでだんだん伝わっていきます。生徒は「何したらいいの？」と思ったら、誰かに聞いて「あーそうか！」と納得して進んでいきます。学校で学ぶ意義も、理解している生徒の言動で少しずつ伝わっていきます。
　このように課題提示、「語り」、ルールやコツの説明・確認をしたら、あとは生徒たちに任せ、彼らが課題を達成することを期待して見守ります。生徒たちは目標達成に向かって、それぞれのやり方で学び合いはじめます。これが授業の前半です。

（新名主敏史）

STEP 6 アクティブ・ラーニングの実際の授業を見てみよう！（後半）

＼ ばらばらな状態の生徒たちがteamとして学び合う ／

　予習を指示していても、授業開始のときの理解のレベルは当然生徒それぞればらばらです。そのばらばらな状態で互いに学び合うことで、生徒同士でいかに助け合うかを学んでいきます。

　英語の予習は毎日のことなので、やる気も体調も家庭の事情もそれぞれです。十分な予習ができないまま授業に臨む生徒もいます。予習で指示されている「一人でできるところまで一人でやる」ということを授業の最初にしている生徒もいます（一斉授業でも本気で予習の仕上げをするのは、指名される危機にさらされたとき、あるいは説明の前に改めて発問されたときという生徒も多いと思います）。

　高校では、予習で指示されたことを家でする気になれないほど苦手意識を持っている生徒もいると思います。そういう生徒は、授業開始早々に、ほかの生徒を教えられるような状態になっている生徒の力を借りていることもあります。

　そうしたときに行われるやりとりの内容は中学英語でのつまずきや、教師には予想もできない誤解や勘違いに満ちた素朴な疑問などです。高校での一斉指導で説明することはほぼあり得ないであろうものです。私よりも近い感覚を持つであろう同級生でも、驚いたり、説明に困ったりしながらも根気よくやりとりしています。

＼ 時間内の全員達成に向けてteamとして学び合う ／

　中盤・後半になると、課題を達成した生徒も増えていきます。まだできていない生徒も含めて、いかに時間内に全員達成するか、という試行錯誤を通して、全員が問題解決能力を身につけていく様子が目に見えやすい時間帯です。学習内容の面で貢献する生徒だけでなく、さまざまなかたちで人と人をつなぎ、情報を伝え合う面で貢献する生徒も目立ってきます。

　このとき、マグネットに生徒の名前を書いたものを用意し、できた人から黒板の左側から右側へ移すなどして、誰ができたか、誰ができていないかを可視化できるようにすると、生徒はそれを手がかりに、できていない生徒を早めに助けに行くなど、それを使ってうまく助け合うことができるようになります。

＼ 最後の5分程度で、時間内に全員達成できたか振り返る ／

　まずは全員達成できたのか、どうかを確認します。ネームプレートがあれば、あと何人だったのかも一目瞭然です。そして、全員達成してもしなくても、今後にどのように活かせるかを考えてもらいます。

　また、学び合いの状況を見ていて気づいたことをメモしておき、フィードバックとして伝えます。**特に生徒たちが無意識に行っていたよい助け合いの方法を全体に紹介したり、そのよさを意義づけしたりして、今後のよりよい学び合い方の参考になる材料を提供します。**

　伝える内容の詳細はChapter3の「10［授業編5］授業の最後、振り返りの時間にすべきこと」をお読みください。

（新名主敏史）

STEP 7 アクティブ・ラーニングへの生徒の感想

　約1年、『学び合い』によるアクティブ・ラーニングの授業を受けた生徒たちの感想をここに紹介しましょう。

　一人ひとりが意識して学び合うことを目指して取り組んで、自分や他人の分からないところを教えたりして、クラスの雰囲気がよくなっていました。あまり話したことがない人と話し合うことができて、チーム力を意識できました。（高3・男子）

　自分が教える側になると、「雑な理解」ではなく、「ちゃんとした理解」が必要になってくるので、その分理解が深まってとても助かっている。自分が教えたところを相手が理解してテストでもできたらうれしいので、ますますがんばろうという気になる。（高3・男子）

　初めてアクティブ・ラーニングだけの授業になったときはとまどったが、慣れてくると効率がいいなと思った。（高3・男子）

　アクティブ・ラーニングは人に教えることで自分の理解がより深まり、また分からないところが出てきたらみんなで話し合って解決できるのでとてもいいと思う。教えられた人がさらに違う人に教えることで全員の理解度が上がると思う。（高3・男子）

　一斉授業は予習していなくても自分に損なだけだが、グループ活動などでは周りの人に迷惑がかかるので、予習の力の入れ具合が変わった。『学び合い』をしていて一番いいなと思ったポイントは授業中にふと思いついた疑問

をすぐに聞けるというところ。(高3・男子)

　座ってノートを写して説明を聴くだけだと、分かった気になってしまうこともあるので、そのことが減ったと思う。(高3・女子)

　分からないことを「分からない」と言える環境はありがたいし、理解もしっかりできるから、この体制はすごくいいと思う。今まで英語は苦手でキライで……というマイナスな感情しかなかったけど、この体制になってからは英語が好きになった。それに英検や定期試験の前も、誰かと"一緒に"がんばれた。(高3・女子)

　理解できるまでじっくり教えてくれるので、疑問点をほったらかしにせず、しっかり解消できるようになった。(高3・女子)

　自分がわからないところを質問したら、自分が理解した教材や自分の言葉で説明してくれたので理解しやすかった。私がわかると思ってとばした問題を質問されると、理解できていなかったことに気づくことができた。(高3・女子)

　ただ授業を聞いて覚えるよりも、できるだけ声に出したり、教えあったりする方が、やる気も続くと思いました。人に教えることを前提に復習すれば自分なりにポイントを見つけられるので、受け身の授業にならなくて良いなと感じます。友達と学んでいて間違いを見つけ、調べたときの方が印象に残りやすいです。(高3・女子)

　自分は勉強ができる方ではなく、どうしても一斉授業だと分からないまま次に進んでしまいます。だけど、アクティブ・ラーニングは分からないところが出てきたら遠慮せずに質問し、解決することができます。自分のような勉強ができない人にとっては良いです。(高3・女子)

　文章を読む速さや読むときのコツを他の人から学んでいくことで、英文をわかりながら読むことができました。(高3・女子)

STEP 8 アクティブ・ラーニングへの先生の感想

\ 「成績は上がることはあっても、下がることはまずない」/

　アクティブ・ラーニングでは模擬試験などの成績が下がるのではないかという心配はつきものだと思います。高校の英語の授業で実践している先生たちに成績について率直に書いてもらいました。

　「成績は上がることはあっても、下がることはまずない」と、学校全体で『学び合い』によるアクティブ・ラーニングを実践している中学校の校長先生から伺った。本格的に実践し始めるきっかけとなった言葉だ。
　今担当している生徒たちが高校2年のとき本格的にアクティブ・ラーニングを始めた。高校3年でも引き続きアクティブ・ラーニングでいくのか少し迷ったこともあったが、「高3だからこそむしろ」という考えにいたった。全国模試の結果などを見ると、ここ数年で最もよい。
　以前高3を担当したときには、習熟度別クラスで予備校的教え込みと徹底トレーニングスタイルだった。かなり厳しい指導を行っていた当時と比べても、意欲も結果も今の方が高い。（40代・男性教諭）

　アクティブ・ラーニングで大きく変わってきたなと思えるのは、講義式の一斉授業と異なり、「ただなんとなく」の参加ではなく、1時間を通して、自分のできる範囲で何かしらお互いの学びに関わろうとするようになってきた点です。成績にも良い影響が出ています。
　苦手な生徒は、つまずきの悩みを遠慮なく聞いています。得意な生徒は、わかってもらえるように工夫しています。クラス全体が目標を達成するために協力しあう姿を見て、試験では測れない部分でも生徒たちをほめることが多くなってきました。（30代・女性教諭）

『学び合い』によるアクティブ・ラーニングに出会い、それを実践した当初は、成績上位者から「自分でやった方が効率がいい」という声も出ました。しかし、時間が経つにつれ「学び合うことで自分がしっかり理解できているかを確認できた」、「意外と説明できないことがあった」など一人では絶対に気付けない部分に出会うことができたようです。

　本校の成績トップ5のうち4名が、『学び合い』を取り入れる前と後の模試の偏差値が3以上上がるという結果が出ました。トップの生徒は偏差値が7上がっており、『学び合い』を取り入れることで成績上位者も満足できる授業を提供できるのだと改めて感じました。（30代・男性教諭）

アクティブ・ラーニング1日体験

　出張時に、同僚に「自習監督」をお願いしました。課題は「いつもと同様、全員達成を目指して学び合うこと」。出張後、自分たちで主体的に動いて学ぶ生徒達を見て感心した、と伝えてくれました。

　その「自習時間」の様子や感じたことを同僚に書いてもらいました。

　自習監督で初めて『学び合い』によるアクティブ・ラーニングという学習スタイルを目の当たりにし、驚きの連続でした。これまで自習監督といえば、復習プリントなどの課題を与え、寝ている子を起こし、最後に提出確認をして終了でした。しかし今回は、担当教諭から自習課題ではなく、生徒への指示が書かれた紙を1枚渡されました。「この指示だけしていただけたら、生徒が自分たちで活動します」とのことでした。

　半信半疑で自習監督に行き、指示とタイマーをセットしました。すると生徒たちが積極的にペアを作ったり、グループを作ったり、時には別の生徒の所に行ったりと、見たことのない光景が広がっていました。

　私語をしているのでないかと気になり教室を回りましたが、全員が自分たちの課題に対して真剣に取り組んでいました。自分の授業の在り方を考えさせられる時間となりました。（30代・男性教諭）

（新名主敏史）

前向きになった生徒たち

　ここで紹介する生徒たちは、授業開始当初はあまり積極的ではなかった生徒たちです。アクティブ・ラーニングを実践していき、時間の経過とともに非常に前向きに授業に取り組むようになりました。

【ある生徒の感想①】　気がついたら実力がついていた

　年度の初めは、今までと違う授業スタイルから戸惑うこともありました。結局わからないまま授業が終わっていたこともありました。しかし、先生が授業のたびに「積極的に動いて」と声掛けをしてくれるので、やはり自分たちで課題を達成していかなければいけないんだということが徐々に分かってきました。

　そして迎えた定期試験。**今までは英語が得意教科とは言えなかったけれど、結果を見て、知らぬ間に実力がついていたことに驚きました。**その後、試験を経験するたびに点数が上がっていきました。

　正直なところ、一斉授業だと先生の声が呪文に聞こえることがあります。特に5時間目のお腹がいっぱいの時や、体育の授業で疲れているときなど、意識を保つことに必死です。私自身も集中力が切れやすいと自覚していて、それは今後訓練が必要なことも分かっています。

　けれど、アクティブ・ラーニングで授業中に分からないところをすぐに調べたり、友だちと確認し合ったりすることで、授業中に課題達成に向けて一生懸命頑張ろうという意識を持つことができます。自分たちで協力して取り組むから、授業中に定着することができて頭に残りやすいと感じています。早くほかの授業でも実践してほしいな、とも思っています。

（高1・女子）

【ある生徒の感想②】　健康的な生活習慣の形成にも役立つ

「夜眠ることができるようになった」

これが、私のアクティブ・ラーニングに対する感想です。今までの授業では、先生の話を聞いた後に家庭学習で何回も繰り返さねば、自分自身に知識が定着していかないと感じていました。気がついたら夜遅くなっていたこともあり、寝不足になることもありました。

授業でアクティブ・ラーニングに取り組んでからは、日常生活も少し健康的になったと感じています。授業中は、全員が達成するべき課題がはっきりしています。目的が明確なので、それが身についているかを自分たちで確認することができます。そのため、自然と授業中に力が身についていることが実感できます。"Not yet"ゾーンから"OK"ゾーンにネームカードを移動するときは、とても快感です。「あのゴールがあるから頑張ろう」と思うことができます。

授業で定着している分、家庭では発展的な学習に取り組むことができるようになりました。もらったプリント等はなかなか見る習慣がなかったけれど、家庭でも見るようになりました。そして、他の教科の勉強に時間を回すことや規則的な生活習慣に結びつけることもできました。

これからの自分自身の課題は、自分やその周りの生徒が達成した時に、教室内のもっと多くの人たちに声をかけられるようになっていくことだと考えています。私も含めてシャイな子も多いので、積極的に声をかけて、みんなでできるようになって一緒に達成感を味わっていきたいです。

（高1・女子）

（江村直人）

『学び合い』による
アクティブ・ラーニングの
「学校観」と「子ども観」

「認」 知的、倫理的、社会的能力、教養、知識、経験を含めた汎用的能力の育成を図る」アクティブ・ラーニングにはさまざまな方法があります。**その一つが本書で紹介する『学び合い』によるアクティブ・ラーニングです。第１章で紹介した授業の組み立て方は、典型的な『学び合い』の授業です（詳しくは巻末の読書ガイド参照）。**しかし、『学び合い』は方法というより、理論であり、考え方です。その考え方は「学校観」と「子ども観」という二つの考え方に集約されます。

この二つの考え方で『学び合い』のさまざまな方法が導かれます。

「多様な人と折り合いをつけて自らの課題を解決することを学ぶのが学校教育の目的である」、これが学校観です。非常にシンプルで簡単ですが、深い意味があります。この中の「多様」とは健常者ばかりではなく、障害者も含まれています。行動的に問題のある人も含まれています。また、「折り合い」を求めているのであって、「仲よし」になることを求めていません。社会に出れば当然、うまの合わない人もいるでしょう。それでいいのです。折り合いをつけられればよいのです。

また、「子どもたちは有能である」という子ども観に立っています。学校は子どもを大人にするところと考えるならば、大人として扱わなければなりません。手のかかる子どももいますが、子どもの数と同じぐらい、有能な子どももいます。その子どもと一緒にやれば、今よりは多くのことが実現できます。そして、子どもたちは大人に成長します。

『学び合い』はこのような学校観と子ども観を実際に体現し、「倫理的・社会的能力」を育てることができるアクティブ・ラーニングなのです。

（西川純）

CHAPTER 2

アクティブ・ラーニングが生徒と授業を変える！
事例編

STEP 1 事例1 「一人も見捨てない」の実現を目指して

＼ アクティブ・ラーニング、『学び合い』との出会い ／

　私は現在、神奈川県内にある私立の中学・高等学校で教鞭をとっています。勤務校は、進学校を目指している学校です。近年、進学実績も上向いてきており、近隣では注目される学校の一つになっています。

　最近、世間でアクティブ・ラーニングという言葉が飛び交うようになり、私自身もふとしたきっかけで『学び合い』を知ることになりました。私にとっての出会いは、同僚から紹介された西川純先生の著書の『アクティブ・ラーニング入門』でした。

　そこで初めて『学び合い』という取り組みを知り、「一人も見捨てない」という信念に強く共感しました。その後、『『学び合い』スタートブック』や『高校教師のためのアクティブ・ラーニング』などの本を通して、『学び合い』によるアクティブ・ラーニングに関しての理解を深めていきました。

＼ 初めての実践とＡくんの変化 ／

　理解が深まるなかで実際にアクティブ・ラーニングをやってみようという思いが強くなり、実験的に『学び合い』によるアクティブ・ラーニングで授業を行うことにしました。その授業で用意したものは長文読解問題の演習プリントと模範解答です。最初の５分で、この授業の課題が「全員が長文読解問題の解き方を仲間に説明できる」であること、課

題達成のために自由に立ち歩きや相談をしてもよいこと、そして仲間のなかで「一人も見捨ててはいけない」ことを伝えました。

"Let's start!"のかけ声とともに、生徒たちは動き出しました。英語の得意な生徒も苦手な生徒も活発に課題解決に向けて学び合っていきました。「これって何の表現を使えばいいのかな」、「この問題を解くには、この段落の意味がわかればいいんだよ」。そうした声が飛び交うなか、課題達成のために教え合っている生徒の姿はイキイキとしていました。

さて、私のクラスにはAくんという生徒がいました。

Aくんは中学入学2か月後、1年最初の中間試験ですべて30点未満。補足課題、放課後の補習、生徒との面談、保護者への電話、三者面談などいろいろな手をつくしても、どの科目においても学力の改善は見られませんでした。

しかし、アクティブ・ラーニングによる授業では、Aくんは普段の授業ではなかなか見られなかった笑顔で、周りのみんなと協力して必死に課題に取り組んでいました。問題が解けずに苦しそうないつもの表情からは、一変した様子が私にとっては驚きでした。

最初に彼に声をかけたのは、普段Aくんとはあまり関わりのない英語が得意な女子生徒でした。その後課題が終わった生徒たちが、Aくんを含め、英語を苦手としている生徒たちの周りに集まり、課題の達成に向けて努力していました。

Aくんは時間内に課題を達成することはできませんでしたが、授業の終わりで見せた悔しそうな表情は普段の授業とは明らかに違うものでした。

私自身も今までとは何か違うものをこの実践で感じました。アクティブ・ラーニングによって生徒の学力を伸ばし、同時に「一人も見捨てない」教育を実現できるのではないかと考えはじめたのです。

高校でのアクティブ・ラーニングを開始

　新年度がはじまり、高校の授業をメインで担当することになりました。関連書籍を読んでいたので、私には「アクティブ・ラーニングで生徒の成績が上がる」という自信がありました。そこで、ほかの教師の了承を得て、授業をすべてアクティブ・ラーニングで実践することを決意しました。

　最初の授業では、まず、生徒みんなが英語を主体的に学んでいく授業を目指すこと、英語のみならず社会で必要な力を授業内で身につけることが目標であることを述べました。そのために、アクティブ・ラーニングで授業を展開していくこと、そして「一人も見捨てない」をみんなで実現していくことを伝えました。その後"Let's start!"のかけ声と同時に、活動を生徒に任せました。

　今までとは違う授業形態に、戸惑う生徒もいました。しかし時間が経つにつれて生徒同士の関わり合いも加速していきました。一斉授業の板書からは生まれないような素晴らしいワークシートを仕上げる生徒たちも多数いました。「ほかの教科でもやってほしい」という声も生徒のなかから聞こえてきました。

成績面の向上

　自信があったにも関わらず、定期試験の結果については、内心はやはりドキドキしていました。「自分が担当しているクラスだけ、平均点が明らかに低かったらどうしよう」と不安な気持ちで前期の中間試験を迎え、採点に取り組んだことをよく覚えています。

しかし、採点してみるとその不安は解消されました。私が担当するクラスは前期中間試験で、ほかのクラスと変わらないか、あるいはそれ以上の平均点をとることができました。

高校の3年間では、授業で扱う内容もレベルが高くなっていきます。また、進学重視の学校なので、大学入試を意識した授業展開もしていかなければなりません。

そうしたなかでも、アクティブ・ラーニングで授業を展開している私の担当しているクラスは、その後、迎えた前期期末試験では、ほかのクラスよりも平均で6点ほど差をつけることができました。勤務校は英語の授業で習熟度別クラス編成をしています。学習意欲の高いAコースの上位層の生徒たちの得点は、それ以降の定期試験でも、80点以上に集中しています。Bコースの下位の生徒たちでも、得点が30点以下ということは少なくなっていきました。

また、3年間担当した勤務校の国際コースのあるクラスは、入学時の平均点偏差値が歴代でもっとも低かったのですが、アクティブ・ラーニングに取り組み、ほかの担当教師の協力も得た結果、3年生9月および11月の時点でクラスの平均点偏差値は歴代最高の値になりました。

「アクティブ・ラーニングで成績が上がる」という私の自信は、今では確固たるものになっています。これらの結果を受けて、ほかのクラスを担当する教師でも、アクティブ・ラーニングを取り入れようとする動きが徐々に広がるようになってきています。

＼ 辞書や参考書を使いこなせる生徒が増えた ／

生徒の一番の変化は、自分で勉強することができるようになってきたことです。

これまで、辞書や参考書がうまく使えない生徒が多いことが指導上の課題でした。そのため、辞書指導の時間を設けたり、参考書を一斉に開いて参照する箇所をこちらで指示することもありました。けれども数回

限りの付け焼刃の指導では、多くの生徒にとって自ら普段の学習で活用するまでの定着にはいたりませんでした。

アクティブ・ラーニングの授業中は、生徒は個人・ペア・グループでそれぞれ、積極的に資料を調べていきます。授業のなかで課題を達成するためには、辞書や参考書などを活用することが必然であるからです。生徒たちが自ら積極的に調べていく様子は、何とも頼もしいものです。

その結果、生徒の辞書・参考書を使う頻度が明らかに増えました。勤務校で定期的に実施している業者によるアンケートでも、効果が明らかに表れています。

授業や定期試験以外の学習の場面でもよい影響を生み出しました。以前は模擬試験の自己採点をさせても、単純に答えを見るだけでなかなかその先の学習に結びつきませんでした。

しかし、アクティブ・ラーニングを実践することによって、生徒たちは模範解答の解説をじっくりと読むようになりました。そして、そこで出てきた文法用語や英単語を自ら積極的に調べる習慣が身についていきました。難度の高い問題や新出表現にも恐れずに取り組む姿勢が、少しずつ養われてきている様子です。

＼ 教師自身の時間術にもなる ／

中学・高校の教師は授業・校務・部活動・研修など大変忙しい毎日を送っていると思います。自分の要領のなさも原因の一つかもしれませんが、私も以前は夜遅くまで学校に残ることが多く、妻の機嫌を損ねることがたびたびありました。

アクティブ・ラーニングに出会ってからは、そのようなことが少しばかり減ったように感じています。
　アクティブ・ラーニングにおいては教師の役割が変わり、極力シンプルな課題やワークシートを生徒に与えるようになります。授業前の準備を大切にしつつも、授業中は生徒の活動を促す立場になるため、教員側の負担が多少減ることになります。提出物のチェックなども、授業中にその場で行い、そしてフィードバックすることができるようになりました。それによって生み出された時間を、職員室でのほかの業務にあてることができるようになりました。
　アクティブ・ラーニングを実践することで、時間に若干の余裕が生まれました。以前よりも、家族と一緒に過ごす時間を持つことができるようになりました。学校においても、授業内外で生徒一人ひとりと向き合う時間が増えました。気持ちにも余裕が生まれたのか、顔の表情も明るくなったと言われています。やはり、教師が幸せでなければ、生徒を幸せにすることができないとも感じています。

授業で「失敗から立ち上がる力」を養う

　アクティブ・ラーニングを実践すると、生徒は授業中にたくさんの失敗をします。なかには、間違った説明を仲間にしてしまう生徒もいます。一時的にきちんとした理解ができないまま課題を達成できずに、授業時間の終了を迎えてしまう生徒もいます。しかし、それは教師主導の一斉授業においても起こりえることです。
　アクティブ・ラーニングを継続して実践することで、生徒は成長していきます。課題の未達成を本気で悔しがる生徒が現れます。間違った説明をしている仲間を、助けようとする生徒が出てきます。そして、「一人も見捨てない」という意識が広がり、仲間を懸命に支えようとするつながりがクラスのなかで生まれてきます。
　「学校は失敗を経験するところ」そんな言葉を聞いたことがあります。

実際の生徒の学校生活を見ていると、「宿題を出さない」「やる気がない」「点数が伸びない」などと、生徒の失敗や欠点に目が行きがちです。
　アクティブ・ラーニングに出会うまで、おそらく私自身も、「できない生徒は仕方ないのだ」と、見捨てていた部分が心のどこかにありました。教師になる以前に抱いていた「英語ができない生徒の気持ちがわかる先生になりたい」という志は、いつの間にか薄れていってしまっていたのではないかと感じていました。
　しかし、我々教師も含めて、社会に出てからも失敗することは誰にでもあります。問題はそこから立ち上がることです。学校は、そうした力、仲間の力をうまく借りて困難に立ち向かっていく力を身につけることができる場所だと言えます。
　アクティブ・ラーニングを実践することにより、生徒の「失敗から立ち上がる力」を授業のなかで一緒に育んでいくことができます。学校で仲間と多くの時間を過ごす授業がその核となるのです。

「一人も見捨てない」を貫く

　コミュニケーション英語と英語表現では教科書を主な課題に、高校3年では大学受験用の問題集や大学入試の過去問題をそのまま課題にして、アクティブ・ラーニングを実践しています。
　日頃から、授業では大学受験を突破するための英語力を身につけることを意識しています。それと同じく大切にしていることは、生徒がその先の人生を生き抜いていく力を授業内で身につけることです。
　私には大切な家族がいます。また、高校時代に出会った多くの仲間がいます。今でも同じスポーツを楽しみ、たまに酒宴で高校時代の昔話に花が咲きます。職場にもつらいときや、大変なときに支えてくれる仲間がたくさんいます。家族や仲間がいるからこそ、今の私がいます。
　アクティブ・ラーニング、そして「一人も見捨てない」ことを日々の授業で実践していくことで、生徒たちも多くの仲間を学習のなかでも見

つけていくことができると考えています。

　卒業後、教師は生徒たちの人生にずっと寄り添うことはできません。しかし、ともに学校生活を過ごした仲間は一生付き合っていくことができます。

　課題の達成、成績向上、志望校合格という高い目標に向かって、仲間と切磋琢磨していくなかで、英語の力と社会で必要な力を磨き、多くの仲間を獲得する、そんな授業を実現していきたい。

　私自身もまだまだ発展途上です。日々の実践のなかで、失敗もたくさんあります。それでも、**「一人も見捨てない」を貫いていくことはできます**。「同僚の教師だけでなく生徒からも、『一人も見捨てない先生』と言ってもらえるようになること」、それが私のこれからの目標になっています。

　そして多くの仲間とともに、「一人も見捨てない」という考え方を広げていくことができれば、こんなにうれしいことはありません。

（江村直人）

STEP 2 事例2
アクティブ・ラーニングの授業にいたった経緯とその後

＼ アクティブ・ラーニングとの出会い ／

　以前勤めていた予備校の先輩から紹介され、数年前に『学び合い』によるアクティブ・ラーニングを知りました。特に共感したのは、「生徒が、同僚や部下として一緒に働きたいと思うような大人になる」ことを願って教育を考える視点です。

　ただ、授業の8～9割の時間を生徒同士の学び合いに任せきるのにはためらいがありました。

　しかし、西川先生や実践している先生方のお話を直接伺ったことを契機に、実際に授業を大きく変えてみることにしました。

　現在はほとんど毎時間の授業で『学び合い』によるアクティブ・ラーニングを実践しています。成績や生徒・クラスの様子を見ると、以前の自分の指導より、アクティブ・ラーニングのほうが優れていると実感しています。

＼ 初めてアクティブ・ラーニングの授業に取り組んで ／

　初めて「この授業中に、全員で力を合わせて、全員が〇〇をできるようになる！」という課題を与え、「さぁ、あとはやり方は全部任せます。何を使っても、何をしてもOK」と伝えたときの生徒たちの反応は印象的でした。

　全体としては「なんで？　どうしたらいいの？」という当然の反応

でした。「この人はどういう考えで、何をはじめようとしているんだろう？」という気持ちで生徒たちがこちらを見ているように感じました。

　不安な気持ちを和らげるため、全国には実践している先生方がたくさんいて、学力面でも学術的に効果が証明されているやり方であることを説明しました。

　別のクラスで初めてアクティブ・ラーニングを行ったときに、ネット上に公開してある動画や、既に行っているクラスの学び合う様子を紹介したこともあります。

　自分の言葉でも「せっかく学校に集まって周りに人がいる状況なのだから、そうでなければできない学びをしてほしい」ということを簡単に伝えたあと、「とにかくまずはやってみよう！」とスタートしました。

　初めて取り組むときは、今までとはだいぶ違うやり方に生徒も教師もドキドキです。どう学び合うのかも試行錯誤をはじめたばかりで、人間関係にはぎこちなさもあります。

　それでも、教師の提案に付き合ってくれる生徒に対して、まずは感謝の気持ちでした。そして、半信半疑のまま慣れない授業のかたちに挑戦してくれている姿を見て、「大人だなぁ」と感じました。

　その感謝と敬意をそのまま伝えるとともに、「初めてなのにこんなやりとりをしていた人がいた」と、よかったところをフィードバックしました。初めてでも、学び合う力を自然に発揮する生徒の姿が必ず見つかると思います。

＼ アクティブ・ラーニングの授業を重ねて ／

　生徒の学び合う姿を見て可能性を見出し、そのことを生徒にも伝える。これを繰り返しながら、しばらくやってみました。授業を重ねるごとに集団として進化していく様子が生徒とも共有できました。

　授業中じっくり生徒の様子を見ることができるので、反応は生徒それぞれだということがわかってきます。

まずはっきりと変わるのは、それまで英語の授業中にイキイキした表情を見ることができなかった生徒たちです。アクティブ・ラーニングではイキイキとしたにこやかな表情に変わります。

　こうした生徒たちは、教師がいろいろと工夫しても学習に意欲的になれず、退屈でつらそうな表情をしていたので、こちらまでつらかったことを思うと、まずは喜ばしいことだと思いました。

　それまで「この生徒は学習意欲がない」と感じていた自分がそもそも間違っていたのかもしれないと思いました。

　彼らが周りに質問していることに耳を傾けると、私が決して予想できなかったつまずきが無数にあったことに気づきます。従来の私の授業では学習に対する意欲を引き出し、理解と習熟を進めることが難しかった理由がわかった気がしました。

　反対に、従来の私の授業でもそれなりに通用し満足していた生徒のなかに、一部「今までの授業スタイルがよい」という反応を感じることもありました。少数でしたし、反感をあらわにするような生徒たちではありませんでしたが、もともと信頼し支持してくれていた生徒にむしろ不信感を持たれるというのは心苦しいものでした。

　個別に話をしてみようかとも思いましたが、基本的には全体に働きかけながらわかってくれるのを待つことにしました。「以前の私の授業スタイルのほうが自分には合っていたな、と思う人はもちろんそのスタイルで学んでもよいのだよ。ただ、そういう人が全員ではないので今のかたちに変えたということをわかってほしい」といったことを率直に伝えました。

成績も上がっていった！

　もともと学習意欲も英語力も高い彼らが最も安心できるのは、成績という結果です。アクティブ・ラーニングをはじめて、校内の試験でも校外の模擬試験でも彼らの成績は下がることはありませんでした。また、

意欲が低かった生徒たちの成績も上がって、平均点は上がりました。本校の模擬試験結果を見ても、上位層は例年の学年と遜色なく、下位層が例年より良好になりました。結果として標準偏差が小さく、全教科では例年とそれほど変わりませんが、英語の平均点偏差値は例年より5ポイント以上上がったこともありました。

　結果に表れてくると、教師も生徒も安心してアクティブ・ラーニングを続けていけます。いわゆる成績上位層も、実は従来の授業に比べても無限の可能性があることに気づいてくれます。成績上位層は特に、自分たち自身に合わせて、学び方をどんどんアレンジし、進化できるからです。

　自分たち自身に合わせて学習法を工夫すること自体が、彼らをさらに高度な自律学習者に成長させます。近年の高校生は、大学入試に加えて、英検だけでなくTEAPやTOEIC、IELTSなどさまざまな外部検定試験を受ける機会が多くなってきました。今年度も挑戦する生徒がいましたが、何度か相談に来たあとは自力で対策を立て目標得点をクリアしていました。

　アクティブ・ラーニングは、授業中、英語力だけでなく、どのような学習をすればよいのか自分に合った戦略を立てて実行する力をつけてくれていたのではないかと思います。数ある検定試験すべての具体的な対策を授業ですることはできませんが、アクティブ・ラーニングで高度な自律学習者に育てることはある意味で強力な対策になるのではないでしょうか。

＼ アクティブ・ラーニングで生徒が変わった！ ／

［変化1］生徒同士の「リアルな発問」が理解を生んでいる

　従来から「わかったつもり、わかったふり」ではない、「誠実な理解」を求めてきましたが、アクティブ・ラーニングをはじめてからは、「この問題は解説を読んだら解答のポイントがわかったけど、類題を解くと

きに自力で気づけるかどうかあやしい」などと話しているのを耳にすることが増えました。おそらく、人に説明することが多くなり、自分の理解が十分でないことに気づくようになったからかもしれません。

　学び合うなかで、わからない生徒は切実に「わかりたい」という気持ちから疑問点を聞いてきます。この「発問のリアルさ」が、説明する側にもっと深く理解する必要性をつきつけてきます。これは、アクティブ・ラーニングのやりとりが教師の発問に勝る点の一つだと思います。

［変化2］ロールモデルが増えた

　英語教師は英語学習者でもあり、生徒たちにとってはロールモデルであるべきだとよくいわれます。教師自身が外国語学習の楽しさと苦しさを味わいながら学び続ける姿勢や方法を示すべきだ、と。

　アクティブ・ラーニングでは、このロールモデルを担ってくれる生徒がたくさん現れます。特に「英語が好き・楽しい」という気持ちは、生徒たちの若い新鮮な感性にかなわないと思うこともあります。

　発音についても、同級生に対して「発音がきれい！」と憧れを持つことがよい刺激になります。英語で読み書きする場合に辞書や文法書をどう活用するのかを、お互いに学ぶ姿もよく目にします。

　教師よりも生徒という同じ立場の人のほうが、ロールモデルとして教師からよりも受け入れやすいのかもしれません。

［変化3］クラス内の人間関係が多様化した

　二つの側面で「関係の多様化」を感じています。

　一つ目は、いつも同じグループで固まるということがなくなり、さまざまな生徒同士でのコミュニケーションが増えることです。授業で目標を達成するために、普段の個人的な人間関係を越えて助け合うようになってきました。こうした姿勢は授業外にも波及し、クラス全体を見て気遣って声をかける姿があたり前に見られるようになってきました。

　二つ目の側面は、同じ生徒同士の関係でもさまざまな面を見せ合える

ようになってきたことです。普段はふざけ合うだけのような関係だった生徒同士でも、単に同調するだけでなく、真剣に異なる意見をぶつけ合ったり、「授業中はちゃんとしよう」とたしなめたりするような関係に変化してきました。

　授業中は、課題達成に対して「仕事」のようなモードで真剣に関わり合うよう生徒たちに求めています。そのため、普段の友人に対してもまじめな面を見せたり反対意見を言ったりすることに抵抗が少なくなるのかもしれません。

　高校3年のクラスでは、放課後、生徒同士が自主的に大学入試の面接練習をしている姿をよく見かけました。とても微笑ましい光景で、「関係の多様化」の二つの側面が表れていました。

　面接官役は既にAOや推薦入試で合格した生徒、これから自分で面接試験を受ける生徒、どちらの場合もありました。男女も関係なく、担任から見てなぜその組み合わせで練習することになったのか予想もつかないこともありました。お互いにかなり真剣な様子で、いつもと違う「面接向けのドまじめな自分」を見せ合うことに対して、照れくささなどはなさそうでした。

　授業での課題達成という「仕事」をさまざまな相手と協力してやり遂げようとする姿を見て、「生徒が、同僚や部下として一緒に働きたいと思うような大人になる」という願いが実現されているのを実感しています。

担任をしているクラスからはじめる

　アクティブ・ラーニングでは、手法や型以上に考え方が大切だといわれます。**教師と生徒がクラス全員の未来を考え、「一人も見捨てない」と本気で思っているかどうかが肝心です。**

　そのため、教師は生徒に「一人も見捨てずに学び合う」ことを理解させるのですが、それは自分が担任をしているクラスがやりやすいです。

授業以外のホームルームや総合学習の時間に「一人も見捨てず全員達成する」経験をさせることもできます。
　たとえば、パズルやクイズのようなものを使って「全員が解けた快感を味わう」という課題を与えます。教科の学習で「わからない」と言い出しにくい生徒にとっても、パズルやクイズなら抵抗が少なくなります。また、ただ答えを教えるだけでなく、相手の状況に合った絶妙なヒントで導く感覚をすぐにつかむ生徒もいます。解けた快感を全員で共有したあとに、「英語の時間も同じように課題に取り組んでいきましょう」と伝えると、生徒は実感しやすいと思います。
　担任として、文化祭やクラスマッチなどの学校行事で目標設定をすることもあると思います。
　私は修学旅行のとき、「自分が楽しいだけでなく、クラス全員、そして旅行に関わる周りの人みんなが楽しい・うれしいと感じられる」ことを目標にしました。「楽しめていないクラスメイトはいないか」、「自分たちだけが楽しく騒いで周りの人を不快にしてしまっていないか」等、自分たちで配慮した言動をとるよう求めました。すると、クラス全体で目標に照らし合わせて具体的な行動を考えている場面が多々見られました。
　このように、行事も「一人も見捨てず全員達成する」ことの大切さを伝えられる機会の一つです。
　以前は、行事が終わるとよく「さあ今度は勉強に切り替えなさい」と言っていました。しかし**最近は、「今回の行事で得た人間関係、チームワーク、社会人基礎力などを今後の授業中にもぜひ活かしてください」と伝えるようになりました。**
　担任をしているクラスでは、さまざまな機会を利用して生徒に思いを伝えられます。協力して学び合う素地をつくりながらアクティブ・ラーニングをはじめられるので、初めての方はやはり担任しているクラスからが取り組みやすいでしょう。

＼ 安心して学べる集団づくりを授業中に行う ／

　教師にとって、いじめや不登校、高校中退は、生徒の学力がなかなか上がらないということ以上にたいへんつらいものです。同時に、生徒の学力が上がることを妨げる大きな要因の一つでもあります。アクティブ・ラーニングは、いじめ、不登校の予防策にもなる気がしています。
　「いつも固定したメンバーに所属していなければ落ち着かず、一度そこを離れるとどうなるのか不安だ」という状態は、いじめにつながりやすいです。
　アクティブ・ラーニングを行うと、「関わり合う人が替わっていっても、それぞれ心地よさもあるし、得られるものもある。一時的に一人になっても、最終的には誰かが見ていてくれたり声をかけたりしてくれるから大丈夫だ」と思える経験ができます。「最後は集団全体のなかで見捨てられることはない」という安心感があれば、いじめは起こりにくくなると思います。
　高校の学習は、数日でも欠席してしまうとついていけなくなり、ますます学校に行きにくくなりがちです。不登校のきっかけそのものはそれぞれでしょうが、学習に対する不安やストレスは、不登校が悪化し、高校中退につながってしまう大きな原因の一つだと思います。
　一人ひとりの状態に差があることを前提にしたアクティブ・ラーニングでは、久しぶりに登校したときでも、周りの生徒が「今までこんなことやってたよ。今の課題、こんなふうに進めるんだよ。このプリントある？」などとフォローしてくれています。また、アクティブ・ラーニングをしていないほかの教科のことについても、休み時間に教えてあげている様子も見られます。

（新名主敏史）

特に印象に残った生徒の変化

Slow learnerのYさんが書いてくれたアンケートの文

　一斉授業だと寝てしまうことがあるけど、アクティブ・ラーニングは1時間がすごくはやく感じる！　いろんな人と学び合いをしてみて、出来る人から教えてもらったり、自分より少し上くらいの人としたり、さまざまな違うやり方から、一番自分に合うものを選んでできるので、いい影響を受けることができ、わかりやすい説明を聞き、一斉授業よりも1時間の中で学ぶことや吸収することがある。また、それを自宅学習につなげるために頑張ってる。

　苦手意識がある人とも、社会人になったら一緒に仕事をしたりしないといけないので、あまり話さない人と学び合うのはいいと思う。

　これは、Yさんが高3の9月に行ったアンケートに書いてくれた文です。はっきり言うと、彼女が高校に入学してきたとき、学力・学習習慣ともにかなり厳しい状態でした。一斉授業で彼女がクラスのレベルに合わせられる場面はとても限られていました。どうにかしたいという気持ちで行った追試験などの個人指導に対しても彼女は概ね反感とうんざりした態度で、ほとんど効果はありませんでした。

　自分のような授業では、彼女のような生徒のやる気を維持し、それぞれに合った学習で学力をつけてあげることができないと認めざるを得ませんでした。しかし、最終的に『学び合い』によるアクティブ・ラーニングに行き着いて、彼女の将来の目標に向かって前向きに努力する姿が多く見られるようになりました。

成績優秀の生徒会長Ｈ君が書いてくれたアンケートの文

　アクティブ・ラーニングをはじめてから半年ほどは不満が大きかった。「ひとりでやった方が効率的じゃないか」と感じたり、教えていることが相手の理解につながってなさそうに思えて、「この時間無駄では？」と思ったりした。でも、やっていくうちに自然と予習をよりしっかりやるようになり、授業中も教えているときに理解を深められて、以前より身についている実感がわいてきた。不満は徐々になくなっていき、それからは「誰とどのように学び合いを進めていったらいいのか」をより真剣に考えるようになった。組み合わせや戦略を変えたりしながら、よいやり方になってきたなぁと満足いくようになったのは、１年ほど経ってからだと思う。英語力はもちろんだが、授業ごとに課題発見・改善を繰り返す中で社会人基礎力も高められたと感じている。

　こちらはＹさんとは対照的に、従来の私の指導でもそれなりに通用していて、英検準１級のレベルまで力をつけてくれた生徒です。
　アクティブ・ラーニングをはじめたばかりの時期は、それまでの授業でそれなりに満足してくれていた生徒から「今までどおりがよい」という反応があるかもしれません。しかし、そのような生徒は、もともと意欲的で真剣ですから、Ｈ君のようにきっとわかってくれると思います。

（新名主敏史）

アクティブ・ラーニングは なんでもアリではない

「新たな未来を築くための大学教育の質的転換に向けて〜生涯学び続け、主体的に考える力を育成する大学へ〜(答申)」にアクティブ・ラーニングの定義があります。以下のとおりです。

『教員による一方向的な講義形式の教育とは異なり、学修者の能動的な学修への参加を取り入れた教授・学習法の総称。学修者が能動的に学修することによって、認知的、倫理的、社会的能力、教養、知識、経験を含めた汎用的能力の育成を図る。発見学習、問題解決学習、体験学習、調査学習等が含まれるが、教室内でのグループ・ディスカッション、ディベート、グループ・ワーク等も有効なアクティブ・ラーニングの方法である。』

思いつく限りの方法を併記し、最後に「等」をつけます。そして、「総称」であると述べています。だから、方法は何でもアリです。しかし、社会で生きられる大人を育てられなければアクティブ・ラーニングではありません。

アクティブ・ラーニングのポイントは「認知的、倫理的、社会的能力、教養、知識、経験を含めた汎用的能力の育成を図る。」の部分です。何気ないようですが、「認知的(つまり今まで教科学習で教えていた知識技能)」と並列で、「倫理的能力」、「社会的能力」を育成することを求めているのです。

社会で生きられる人は、「企画を生み出し、その人と一緒に仕事をしようとする人に恵まれる人」、「英語を通して、他の人の役に立てる人」なのです。具体の仕事と倫理的能力、社会的能力を融合している人なのです。それを学校教育の多くを占めている教科教育で育てるのです。

(西川純)

CHAPTER 3

はじめよう!
アクティブ・ラーニング
準備・授業編

STEP 1 準備編1 アクティブ・ラーニングをはじめる心構え

\ いざ、アクティブ・ラーニング！ /

　アクティブ・ラーニングをいつからはじめると効果的ですか？　と聞かれることがあります。私はこのように返答します。
「早速、明日の授業からはじめましょう！」
　結論から申し上げると、いつからでもはじめることができます。必要なのは課題の設定、教科書・プリントとその模範解答、「生徒に任せる」という先生方の意志だけです。
　私自身も授業の大部分をアクティブ・ラーニングで行うことに、最初は勇気が必要でした。特にReadingの指導などを一斉授業のスタイルで授業を展開している教師にとって、アクティブ・ラーニング型授業に切り替えることは勇気の要ることです。
　また、授業の一部だけにアクティブ・ラーニングを取り入れる併用型で実施すると、失敗することが多いようです。私もそうした経験があります。生徒同士の学び合う時間が足りないことが原因です。
　アクティブ・ラーニングを実践する際には、1時間丸ごと生徒に任せきりましょう。すべてをアクティブ・ラーニング型の授業で展開することに不安があるなら、週に4コマあるうち、1コマか2コマをアクティブ・ラーニングにして、残りを一斉授業で展開することがおすすめです。

＼「一人も見捨てない授業」を目指しましょう ／

　いわゆる一斉指導では、先生が説明をし、それを生徒がノートに写して、問題を解いて一斉に答え合わせをするという形式が一般的だと思います。しかし、実際のところ授業のレベルがクラスの成績の中間層あるいはその少し上くらいに設定されているのではないでしょうか。その結果、授業を通して知識が身につく生徒もいる一方、上位の生徒にとっては退屈な授業となり、下位の生徒にとっては板書を意味もわからず写すだけの授業になっている場合がありませんか。時として、生徒は眠ってしまったり、思考が宇宙の彼方に行ってしまったり、ひどい場合には私語をしているなんてことはありませんか。

　アクティブ・ラーニングで目指すものは何より、「一人も見捨てない」ことです。「一人も見捨てない」をとことん追求すると、生徒のそういった行動は起こらなくなります。アクティブ・ラーニングを導入し徹底することで、どの生徒も活躍できる、そんな授業を目指しましょう。

＼ 学校で勉強する意義 ／

　教師として心がけることはさまざまでしょう。私も「生徒が『使える英語』を身につけてほしい」という願いを持ち続けることは大切だと確信しています。生徒の英語の力を可能な限り引き上げていきたいと考えながら、教壇に立っています。

　その一方、現代は書店やインターネット上で、さまざまな教材があふれています。英語の能力を向上させることだけで言えば、学校以外の場所でも実現可能です。ですが、我々が日々接している生徒たちはインターネット教材や塾、予備校ではなく、学校という場で勉強をし、生活を送っています。日々の生活を通し、多種多様な生徒同士がつながりをつくっていくことは学校でしかできません。英語の授業で、4技能を育てつつ、その実現を目指していきましょう。　　　　　　　　（江村直人）

STEP 2 準備編2 目標・課題設定

\ 教育基本法・学習指導要領を確認しましょう /

　私自身も英語教師として、英文法の楽しさや難解な英文を読みきったときの喜び、英語を用いてコミュニケーションが成立したときの感動を伝えたい気持ちはもちろんあります。

　しかしながら、アクティブ・ラーニングを実践しはじめてからは、特に、生徒たちが学校で英語を勉強する意味や、私自身が何のために教師として学校教育を行っているかを見つめ直しました。**そして、その際の拠り所になるのは教育基本法と学習指導要領だと気づきました。**

　教育基本法第1条によると、教育の目標は「人格の完成」です。そして、「平和で民主的な国家及び社会の形成者」を育てることにあります。学校におけるすべての教育活動は、この目的を達成するために行われなくてはいけません。また、生徒が学校で一番多くの時間を過ごすのは、授業です。授業のなかでこそ、人格の完成を目指し、平和で民主的な国家および社会の形成者を育てることが求められます。

　また、学習指導要領は国で定められた基準です。告示として発表されている、強制力のある法令です。しかし、私も含め、学習指導要領を教員採用試験以来、あまり目を通していないという方も多いのではないでしょうか。

　アクティブ・ラーニングでは生徒に身につけてほしい力を明確にし、その単元の本質を捉えて生徒に明示する必要があります。そのための拠り所になるのが学習指導要領です。

もちろん、教科書を使わずに素晴らしい実践をしている先生方も数多くいらっしゃることでしょう。かつて多くの進学校が大学入試準備を優先し、入試には必要とされない科目を履修しなかったことが社会的問題となりました。年度末に「未履修」であった科目を受けねば進級・卒業ができない事態となり、一時大きな混乱もありました。迷惑をこうむったのは、先生よりも生徒でした。

　私自身も、自分がおもしろいと思う文法項目は重点的に説明する癖があったと思います。しかし、授業の主役はあくまで生徒。そうしたなかでやはり頼りになるのは、学習指導要領です。中学・高校の学習指導要領を確認し、各単元でどんな力を生徒につけてほしいのか、考えていきましょう。

教科書がそのまま課題になる

　教育基本法や学習指導要領を念頭に入れつつ、日々の授業の実践に取り組んでいく必要があります。文部科学省の検定をクリアした教科書はすべてこれらの法令に従ってできあがったものです。すぐに実践できることは、生徒が普段使用している教科書をそのまま課題にしていくことです。

　その単元の目標をもとに課題を設定していきます。教科書は学習指導要領に則って作成されているため、目標・課題設定の際に非常に活用しやすいです。指導書にある単元の目標やCan-doリストをそのまま課題とすることも、多くの場合可能です。あるいは、教科書準拠のワークブックなどを課題に設定することもできます。

　課題の分量やある課題に何時間かけるかは、生徒のレベルや課題の難易度によって教師の裁量で柔軟に決めることができます。クラスの上位の生徒が1時間の授業で10〜15分くらいで達成できる量を目安に、課題を調整してください。

（江村直人）

STEP 3 ▶ 準備編3
評価と評価基準

\ 授業の課題と評価をリンクさせましょう /

　課題の大枠を決めたら、課題と評価をリンクさせていきましょう。**生徒がどんな力をつけることが求められているのか、生徒たち自身で確認できるようにしていくことが必要です。**

　その授業の目標（本時の目標）と課題、評価基準を設定する際にポイントになることは以下のとおりです。

① 具体的な目標になっているか
② 「全員」の目標になっているか
③ 生徒自身が評価できるものになっているか
④ アウトプット型の目標になっているか
⑤ シンプルな目標になっているか

> 課題：仮定法を用いて「あなたの理想の家」についての適切な英文を、全員が30語以上の英語で正確に書くことができる。

　ここでは、「仮定法を用いて」という言葉で、仮定法を身につけることがこの課題で求められていることを、具体的に明記しています。生徒全員にとっての目標であることを意識づけるために、「全員が」という言葉を入れています。「30語以上の英語で」と明記することで、語数が

評価対象であることがわかるようになっています。「正確に書くことができる」として、アウトプット型の目標になるように意識してあります。また、それらの主旨が正確に生徒に伝わるように、極力シンプルな目標になるように設定しています。

さらに、アクティブ・ラーニングでは、設定した課題や評価基準は、教室にいるすべての生徒が把握できるようにしてください。具体的には、板書して生徒が見えるようにしたり、プリントに記載したりするなど、いつでも確認できるようにすることです。

＼ 時間は延長しない ／

その単元、あるいは課題を何時間で終わらせるのかを生徒に必ず伝えます。そして時間は延長しないことも大切です。従来の指導では、どの単元を何時間で終わらせるのかは、教師だけが把握していました。

アクティブ・ラーニングにおいては、先の見通しをつけることができるように、「この単元は3時間で終わらせる」「今日は全4時間のうちの2時間目」など、生徒に知らせるよう心がけてください。生徒にはどんなときにも、「時間内に全員達成すること」を強く求めましょう。

＼ 最終的な評価は今までどおり ／

アクティブ・ラーニングで授業を展開することでよく心配されるのが、成績のつけ方も変わってしまうのか、ということです。変わるのは、授業内での生徒の学び方だけです。生徒への評価は、基本的には今までどおりの評価の仕方を、そのまま活用していただければ問題ありません。パフォーマンステスト、宿題等の提出物、定期試験の結果で評価をしていきましょう。授業中の生徒の活動と、提出物や試験がリンクしていることは心がけてください。今までの実践を活かしてください。

（江村直人）

STEP 4 準備編4　初めてやってみるときのポイント

＼ 一番の準備、それは教師の決意！ ／

　初めてアクティブ・ラーニングで授業を行う際には勇気が要るものです。私自身もそうでした。「もし生徒が活動に取り組まなかったらどうしよう」、「本当に生徒たちだけでできるのだろうか」と不安に感じることもありました。

　しかし、思い切って生徒に任せて、活動を見守っていくことで案外うまくいくものです。**アクティブ・ラーニングを実践するにあたっての最初の準備は、「生徒に任せようとする、教師の気持ちを固める」ことになります。**

　決意が固まったら、まずは課題を設定し、評価基準を決め、生徒に明示できるようにしてください。ワークシートなどのプリントやその答え、教科書の指導書や参考書などの教材や、必要に応じてCDプレーヤーやパソコン、iPad等の電子機器を用意するなど、学習環境を整備しましょう。

　気持ちと学習環境が整ったら、最初の5分で教師の決意を伝えます。どんな言葉でどのように伝えるかを心の中で決めておいてください。最初の語りが、のちの生徒の活動を大きく左右します。あとは生徒を信じ、学習活動を委ねるだけです。

　初めてアクティブ・ラーニングに取り組む際には、ぜひ教師の決意と生徒たちへの思いを伝えてください。ポイントとしては、

① 今後の社会で求められる力
② アクティブ・ラーニングによって全員の力を引き伸ばしたいこと
③ 学び方は任せるということ
④ 何より「一人も見捨てない」こと

の４点が、あげられます。生徒たちの目を見て、熱く語ってください。

＼ 実際の語り ／

　クラスで初めて実践する際、私はこのように生徒に語るようにしています。参考にしていただければ幸いです。

　「君たちがこれから先、生きていく上でもっとも大切な力は何だと思いますか。英語の授業なので英語の能力は伸ばしてほしい。けれど、それ以上に大切な力は何だと思いますか。それは『自分で困難に立ち向かっていく力』と『仲間の力をうまく借りる力』です。

　この授業では立ち歩いて構いません。机やいすも自由に動かしてください。自由に周りの人と相談をして結構です。ただし、ここにいる全員が課題を達成することを目指してください。先生が出した課題を全員が本当の意味で達成できるように、みなさんで工夫してください。絶対的なルールはただ一つ、『一人も見捨てない』です。

　課題達成のためのプリントや模範解答は、こちらに置いておきます。自由に使ってください。いろいろな資料や機材も、自由に手に取ってください。ただし、丸写しでは意味がありません。私はここにいる全員に、課題達成のレベルまでそれぞれの力を引き上げることを求めます。そのためには、学習内容を深く理解し、仲間と協力して、主体的に粘り強く取り組んでいく必要があります。

　繰り返しになりますが、『一人も見捨てない』を全員が意識してください。一人でもできない人がいたら、クラス全体の責任になります。ここにいる全員が協力をして、全員達成を求めてください。君たちならできます。期待しています。Let's start !」

（江村直人）

STEP 5 準備編5 学び合いやすい環境づくり

学び合いやすい教室の環境づくり

　座席配置など、その場で生徒が考えて動かせるものは基本的に任せます。「机やいすを動かしたほうがよいなら、自分たちで考えてご自由にどうぞ」ということです。グループを教師が調整することもしません。

　教師の側は、前もって準備しておく必要のあるもの、学び合うのに活用できそうなものがないか考えます。それらを準備したうえで、活用するかどうかは生徒に任せます。

分厚い文法書、生徒はどれだけ活用していますか？

　授業で音声重視のトレーニング時間を確保したり、「コミュニケーション」活動を増やしたりしようとすると、授業中に文法を説明する時間は減らすことになります。

　細かな文法事項は生徒たちが自分で調べられるようになってほしいと、分厚い総合文法参考書を買わせる学校もあると思います。

　では、辞書と同じように文法書を自分で活用できる生徒にしていくにはどうすればよいでしょうか？

　アクティブ・ラーニングの授業では、文法書を教室に何冊か置きます。そうすると、文法書の便利さや活用の仕方を理解している一部の生徒から、だんだんとクラス全体に伝わっていきます。

　説明するときに、「ほら、このページのこの例文と同じだよね」と言っ

て使ったり、自分では解けるけれど、どう説明してよいかわからないときに開いてみたり、生徒はいろいろなかたちでありがたみを感じていきます。学び合う途中で、ついつい「じーっ」と読みふけってしまう生徒もいます。

　アクティブ・ラーニングでは異なる辞書や文法書を持っていることがメリットだと実感しやすいと思います。求める情報、納得できる説明が自分の持っているものになければ、ほかのものを複数参照できるからです。他者との差異は歓迎すべきものであることを実体験できるのです。

アクティブ・ラーニングに使いやすい教材選び

　アクティブ・ラーニングに適した教材、それはずばり、生徒が使いやすい教材です。あたり前のようですが、逆の言い方をすると「教師が使いやすい教材」ではないということです。一斉指導を前提として、「教師の出番」のために、あえてポイントとなる情報を伏せ、補足説明が必要なかたちにしてある教材もあります。そういったかたちで「授業の意義」を担保しているような教材は避けます。

　「英語が得意な生徒なら一人で学習できる」 というのが適切な教材の**目安です**。音声が活用でき、タスクが明確で、学習（トレーニング）の仕方や意義、英文の意味や語句・文法説明が丁寧に書かれているものが理想です。私は、木村達哉先生、安河内哲也先生、竹岡広信先生、和田玲先生などの著書を使わせていただいています。教科書についても、ワークブックや配布資料などで「英語が得意な生徒なら一人で学習できる」環境を整えやすいものがよいと思います。

（新名主敏史）

STEP 6 授業編1
授業のはじめに生徒に伝えること

＼ 教師の語りは短く ／

　授業中に教師がずっとしゃべっていると、生徒が眠そうにしていたり、退屈しだしたりする様子はありませんか。それと同じく、生徒に対しての語りは短いほうが、アクティブ・ラーニングでは効果的です。長くても5分までにしましょう。

　授業中に大切なことは、生徒の活動時間を確保することです。**生徒同士の活動時間を長くすればするほど、取り組みや学習効果が充実します**。達成できた生徒がまだ達成できていない生徒にどんどんと関わっていくことができます。教師の語りは1分1秒でも、短くすることです。

　語る内容はその授業の課題、参照するページ、プリントや模範解答のある場所、全員達成を目指して「一人も見捨てないこと」です。あとは生徒の動きを見守り、活動中に言葉がけをしていきましょう。

＼ 立ち歩きを奨励、2割の生徒を意識し、全員達成を目指す ／

　全員が課題を達成するために、生徒の立ち歩きを促してください。授業中に自由に動き回り、活動をすることは一斉授業に慣れている教師、生徒の両方にとってはじめは違和感を覚えることもあるかもしれません。

　しかし、生徒同士の相性は生徒が一番よくわかっています。教師が指示を出してペアやグループを決めるよりも、生徒同士お互いに、誰がわ

かっていて、誰がわかっていないのかを知っているものです。SpeakingやWritingにおいても、取り組み方に疑問のある生徒はコツを理解している生徒のところにいつでも聞きに行くことができます。

　授業での生徒の目標は、何よりも全員が課題を達成することです。目標に向かってクラスの動きをリードするであろう２割の生徒を意識して語りかけましょう。その２割の生徒が意図を理解し、やがて全員達成を目指して動きはじめます。

＼ 失敗を通して成長できる集団を目指す ／

　アクティブ・ラーニングは教師が丁寧に説明をすることで、生徒の失敗を回避することを目指しているのではありません。授業では生徒が的確に英文を読むことができなかったり、英語を話すことを恐れたりする場面も目にします。ですが、私たち英語教師自身もたくさん英語に触れるなかで失敗を繰り返し、何度も挑戦や練習を重ねながら、英語力を養ってきたはずです。

　また、授業で生徒に身につけてほしい力は、英語力のみならず今後社会で必要となる全般的な「コミュニケーション能力」です。教師は教科を通して、生徒にその力を身につける場を与えることが求められます。

　失敗を恐れず、困難に向かって果敢に挑戦する生徒を育てること、周りの協力を得ながら目標に向かって進んでいくことのできる生徒を育てることが、我々の使命です。英語の力と社会で求められる力、その両方を授業で最大限伸ばすことを目指しましょう。

　教師の管理下で生徒が失敗をし、それを解決するための努力を全員ができる環境を設定してあげてください。それは生徒たちだけではできないことです。授業はじめの語りのあとは、目の前の生徒たちを信じ、活動を任せてみましょう。イキイキと活動する生徒の笑顔を、授業中に見ることができます。

（江村直人）

STEP 7 ▶ 授業編2
授業中の見取り

＼ アクティブ・ラーニングでの教師の役割 ／

　アクティブ・ラーニング型の授業においては、教師が授業中に行う役割が変わります。**教師は、「教える」ことから、「生徒の学習の様子を見取る」ことに意識を向けましょう。**全員達成に向けて、クラス全体が活動しているかに注目しましょう。

＼ 遊んでいる生徒の見取り ／

　遊んでいる生徒を見分ける際には、まずは音に気をつけてみるとよいでしょう。周囲にとって耳障りな声を出しているとすれば、まず確実に遊んでいます。

　電車のなかを想像してみてください。電車のなかでしゃべる人は大勢いるけれど、大抵は気にならないはずです。それは周りを意識して目立たない声の大きさ、高さで話すからです。

　しかし周りを意識せず、自分たちだけしか見えていない人は周りと無関係な声の大きさ、高さで話します。だから耳障りになるのです。

　教室に場所を置き換えてみると、周りを意識している生徒は周りに迷惑をかけない声の大きさ、高さで話します。

　一方、遊んでいる生徒は周りを意識していないため、耳障りな声や音を出すのです。その生徒たちに気を配ってください。

勉強に集中していない生徒の見取り

　眠ってしまっているような生徒は、教室全体を見渡せばわかると思います。それ以外に、勉強に集中していない生徒を見取るポイントとしては、一人でいて、顔を上げて、手が止まっている場合です。

　学習に取り組んでいる場合には、教科書や参考書を見ながら考えています。発話の練習をしている場合には、口元が動いているはずです。呆然としている様子であれば、勉強に集中していないと見て間違いないでしょう。

　生徒たちの顔の上下運動も見取りポイントの一つになります。授業の課題に集中している場合、教科書や参考書を見たり、仲間の顔を見たりということが、生徒のなかで周期的に起こります。確認を行いながら、課題達成に向けて作業を進めているためです。

　一方、お互いの顔を見続けているならば、それは勉強と関係のない話をしていることが推測されます。

生徒の笑顔の見取り

　アクティブ・ラーニングでなくとも、授業中に生徒の笑顔が見られることが多々あると思います。そんな場面を想像してみてください。一斉授業においても、力のある教師はおもしろい話とまじめな話をうまく使い分けて生徒の笑顔を引き出しているのではないでしょうか。

　それと同じく、生徒が笑っているとしたら、それが周期的かどうかを見極めてください。まじめな顔をしているならば、おそらく誰かが、一方的に話し続けている、生徒が何かの課題に取り組んでいる、もしくは練習していると考えられます。逆にずっと笑い続けているのであれば、それは遊んでいることを意味します。

（江村直人）

STEP 8 ▶ 授業編3
▶ 授業中の声かけ

＼ 個人ではなく、全体に声をかける「2・6・2の法則」／

　アクティブ・ラーニングでは学習を生徒に任せているので、時折遊んでしまったり、集中力が持続しない生徒も出てきます。教師が直接指導するのは簡単ですが、それでは少し時間が経つとまたもとに戻ってしまいます。

　見取っているなかで、もし気になることが出てきた場合には、教師の言葉で状況を全体に投げかけましょう。その際のポイントは「空に語り、全体に投げかける」ことです。

　特定の個人ではなくクラス全体へ投げかけるのは、結果として教師の言葉が響く2割の生徒に働きかけるのが目的だからです。数十人いるクラス全体の生徒の顔を思い浮かべてみてください。約2割の生徒は先生の言うことに「従う生徒」ではないでしょうか。

　同様にクラスのほかの2割の生徒は、勉強が不得意などの理由で「気になる生徒」としているはずです。

　そして残りの6割は、先生の言うことに反発はしませんが、だからといって本気で従うわけでもない生徒たちと考えられます。

　教師の話がよく伝わる2割に訴えかけ、6割を動かし、やがて全体を巻き込むように仕向けるのです。

　また、周りの生徒たちのために行動したときや、周りの生徒に助けを求めに行ったときには、ぜひともその行動をほめてあげてください。教師がそれに気づいてほめることができるかどうかは、集団全体の動きに

大きく影響し、生徒の活動もより活発になります。

　また、そうした生徒をほめるときには、常に笑顔で行うようにしましょう。

遊んでいる生徒や集中していない生徒がいた場合

　「集中しきれていない人がいるようだね。みんなも気がついているのではないかな。遊んでいる人がもちろん悪いけど、自分は関係ないやとそれをほうっておくのは、見捨てていることにならないかな。一人も見捨てず、全員達成を目指しましょう」と、全体に投げかけます。

　その際、遊んでいる生徒のほうを直視しないことが大切です。その生徒をジッと見て話すと、周りの生徒はその生徒に対して注意しているのだと考えてしまいます。結果として、自分たち全体の問題として捉えることができなくなり、生徒たち自身で互いに注意することもやめてしまいます。

課題に取り組めずに困っている生徒がいた場合

　「〇〇ができずに困っている人がいるなぁ」と全体に声かけをします。そして、よくできている生徒のところで「熱心に〇〇活動に取り組んでいるね」とか「〇〇を解くための方法がわかっているなぁ」などの言葉を大きめに呟いてください。

　どの生徒と相性がよいかは生徒同士にしかわかりません。活動によっては取り組み方がわからないのか、問題の解き方がわからないのか、生徒の困っていることはその生徒にしかわからないものです。

　上のような言葉がけを何度か繰り返すことで、できている生徒とできていない生徒をつないでいきましょう。

（江村直人）

STEP 9 ▶ 授業編4
▶ 学習状況の可視化

＼ ネームプレートで達成状況を目に見えるようにする ／

　『学び合い』によるアクティブ・ラーニングでは、ネームプレートを使って、その時間内の状況把握の一助とする場合が多いです。生徒たち自身が、そのときに誰ができていて誰がまだなのかをわかりやすくするためです。

　生徒一人ひとりの名前が書かれたカードの裏にマグネットをつけて黒板などに貼れるようにしたものを準備しておきます。授業中、できるようになった生徒は自分でそのネームプレートを「"Not yet"ゾーン」から「"OK"ゾーン」に移します。

　ただし、生徒たちが慣れてきたら、ネームプレートを使うかどうかも生徒たち自身に任せていきます。目標達成に必要なことを考え、問題解決に向けて主体的にどんどん試行錯誤してほしいからです。

　ネームプレートから誰ができていないかわかっても、具体的にそれぞれの人がどのくらいまで理解したのかはわかりません。自分で確かめたり、状況を把握していそうな人に聞いたりして、「誰々はあと何分くらいでいけそう」とさらに情報共有できる生徒もいます。

　全体を見て具体的に情報を集めようとすることは状況把握力につながります。職場でも大切なことだと思います。**生徒たちが有能であることを信じ、「もうあと何年かしたら社会に出て働くのだから、この場が職場だと思って自分たちで考えて最大限の効率と効果を追求して動きなさい」**と求めるのが教師の一番の役割だと思っています。

＼ 一定期間の到達度状況を記録した表で状況を可視化 ／

　私はネームプレートに加えて、最終結果を記入する「達成度表」も掲示しています。長期的な視点で集団全体の『学び合い』をレベルアップさせていくよう促し、動機づけを高めるためです。

　その時間の結果だけでなく、その結果にどう向き合って、どう次につなげるかが大切だということが生徒に伝わりやすいと思います。

　数回続けて全員達成できていないにもかかわらず、生徒たちがその状況をどうにかして変えようとしているように見えない場合は、「本気で全員達成しようとしているのか？」と疑問を投げかけます。

　同時に課題のレベル設定が適切かどうかも検討する必要がありますが、まずは「あなた方ならまだできるはず」と生徒たちの可能性に期待するほうが先だと思います。

（新名主敏史）

実際に使用した最終結果を記入する「達成度表」

「高3 英語 Jteam learning 達成度記録【9月】」

※【文系】 設定された時間内に、達成した人数を書く。

	9/5(月)	9/6(火)	9/7(水)	9/8(木)	9/9(金)	9/12(月)	9/13(火)	9/14(木)	9/15(木)	9/16(金)	9/17(土)
(1)『速単』サイトラ	(17)人達成 /(4)人学習中	(17)人達成 /(14)人中	(17)人達成 /(13)人中	(⑫)人達成 /(16)人中	(17)人達成 /(17)人中	(16)人達成 /(8)人中	(12)人達成 /(8)人中	(5)人達成 /(8)人中	(12)人達成 /(8)人中	(8)人達成 /(8)人中	(15)人達成 /(7)人中
(2) worksheet のshare	( )人達成 /( )人中 全員	(17)人達成 /(15)人中	(17)人達成 /(6)人中	(⑫)人達成 /(8)人中	(17)人達成 /(8)人中	(16)人達成 /(8)人中	(16)人達成 /(8)人中	(14)人達成 /(8)人中	(15)人達成 /(8)人中	(⑱)人達成 /(8)人中	(14)人達成 /(7)人中

shadowing のお陰か、少しずつ長くなってきてあげる、ということが超こらなくなってきた check

※【理系】 設定された時間内に、達成した人数を書く。

	9/5(月)	9/6(火)	9/7(水)	9/8(木)	9/9(金)	9/12(月)	9/13(火)	9/14(木)	9/15(木)	9/16(金)	9/17(土)
(1)『速単』サイトラ	(9)人達成 /(9)人中	(9)人達成 /(9)人中	(9)人達成 /(9)人中	(3)人達成 /(6)人中	(10)人達成 /(8)人中	(9)人達成 /(8)人中	(10)人達成 /(8)人中	(10)人達成 /(9)人中	(8)人達成 /(8)人中	(5)人達成 /(8)人中	(10)人達成 /(8)人中
(2) worksheet のshare	(全)人達成 /(9)人中	(9)人達成 /(9)人中	(10)人達成 /(9)人中	(10)人達成 /(8)人中	(10)人達成 /(8)人中	(9)人達成 /(8)人中	(8)人達成 /(8)人中	(9)人達成 /(9)人中	(6)人達成 /(8)人中	(9)人達成 /(8)人中	(10)人達成 /(8)人中

◆GOAL(授業中に全員達成すべきこと)
(1)『速単』サイトラー全員が疑問点を解決し、次回の初めには自力で理解してできるようになる。
(2) 途中 worksheet の(2)『Reading Power』を参考にして論理展開について気づいたことを share し、予習で書いてきたことを誰かが2人に説明し、納得してもらったらサインをもらう。

ネームプレート等は、自分たちで自由に活用してください。

現状を把握して、次回以降に活かすための記録です。 → 毎時間全員達成を目指して自分にやれることを全力で考えて実行する！

目標達成に向けてどういうところがうまくいっているのか？ いないのか？ その原因は何か？ どうすれば良いのか？

Chapter3 はじめよう！ アクティブ・ラーニング 準備・授業編

「高3英語 J team learning 達成度記録【10月】」

※[文系] 設定された時間内に、達成した人数を書く。

	9/21(水)	9/23(金)	9/24(土)	9/26(月)	9/27(火)	9/28(水)	9/29(木)	9/30(金)	10/1(土)	10/3(月)	10/4(火)	10/5(水)	10/6(木)	10/7(金)	10/8(土)
★課題(1)	(9)人 達成/(6)人 中	(10)人 達成/(4)人 中	(6)人 達成/(4)人 中	(6)人 達成/(8)人 中	(15)人 達成/(19)人 中	(16)人 達成/(17)人 中	(18)人 達成/(19)人 中	(16)人 達成/(18)人 中	(17)人 達成/(18)人 中	(15)人 達成/(18)人 中	(15)人 達成/(19)人 中	(16)人 達成/(19)人 中	(17)人 達成/(18)人 中	(17)人 達成/(18)人 中	達成/人 中
★課題(2)	(11)人 達成/(6)人 中	(4)人 達成/(13)人 中	達成/(14)人 中	(14)人 達成/(18)人 中	達成/人 中	(6)人 達成/(17)人 中	(13)人 達成/(18)人 中	(16)人 達成/(18)人 中							

※[理系] 設定された時間内に、達成した人数を書く。

	9/21(水)	9/23(金)	9/24(土)	9/26(月)	9/27(火)	9/28(水)	9/29(木)	9/30(金)	10/1(土)	10/3(月)	10/4(火)	10/5(水)	10/6(木)	10/7(金)	10/8(土)
★課題(1)	(7)人 達成/(7)人 中	(9)人 達成/(9)人 中	(7)人 達成/人 中	(0)人 達成/(8)人 中	達成/人 中	(8)人 達成/(8)人 中	(9)人 達成/人 中	(7)人 達成/(8)人 中	(9)人 達成/(9)人 中	達成/(9)人 中	(10)人 達成/(9)人 中	(9)人 達成/(9)人 中	(9)人 達成/(9)人 中	(9)人 達成/(9)人 中	達成/人 中
★課題(2)															

◆GOAL（以下の2つの課題を授業中に全員達成するために全員で知恵と力を合わせろ！）
★課題（1）『単語』word web の share＋サイトラーword web を share して！つ追加！＋サイトラの疑問点を解決し、自力で理解してサイトラできるようになる。
★課題（2）worksheet の（1）要約を相互採点して根拠を説明し、（2）英文の論理展開について予習してきたことを誰かに説明し、納得してもらったらサインをもらう。
現状を把握して、次回以降に活かすための記録です → 毎時間全員達成を目指して、やれることを全力で考えて実行する！

目標達成に向けてどういうところがうまくいっているのか？　いつも出来ていないのか？　その原因は何か？　どうすれば良いのか？

------ 英語力とともに身につく力：（主体性 ・ 働きかけ力 ・ 実行力 ・ 課題発見力 ・ 計画力 ・ 創造力 ・ 発信力 ・ 傾聴力 ・ 柔軟性 ・ 情況把握力 ・ 規律性 ・ ストレスコントロール力 ）

STEP 10 授業編5 授業の最後、振り返りの時間にすべきこと

＼ 全員達成できたら、"Great!" "Congratulations!" ／

　私自身は、全員達成できたときは、「おー！　すごい！　よかったね！」という気持ちをまず伝えます。「この授業中に、全員にこういうことができるようになってほしい」という目標を達成することがいかに大変か。教師一人で必死に頑張っても全員をできるようにするのは相当難しい、と思い知ってのことですから、ほめるというより、「あなた方、すごい！」というのが本音です。

　そして、当然教師もうれしいのですが、力を合わせて全員ができるようになったことは、生徒たち自身にとっても喜ばしいことのはずです。体育祭のクラス対抗リレーやクラスマッチで優勝したときと同様、「よかったねー」という気持ちなのです。

＼ 全員達成できてもできなくても、「次につなげる！」 ／

　そして、**全員達成してもしなくても、今後に活かせることを考えてもらいます**。達成できた場合には、うまくいったことは何なのか、どういうことを工夫してみたのかを、達成できなかった場合には、次に達成するためには何ができるのかを振り返ります。

　また、授業の最後には、達成したかどうかにかかわらず、学び合いの状況について感心したことやうれしかったことを伝えます。生徒の言動のなかから、「コツ」として全員に参考になりそうな動きを紹介するの

もよいと思います。

　特に生徒たちが無意識に行っている言動の素晴らしさを紹介したり、意義づけしたりして、今後の参考にできる材料を提供します。そのためには、生徒の様子を見ながら気づいたことをメモしておき、いくつも書いたメモから厳選します。

　振り返ると長くなりそうなときは、その時間の終わりは、次の時間までの自宅学習や授業準備に関係しそうなことを伝えるだけのこともあります。「全員達成のために、teamの一員として自分には自宅学習で何ができて、どういう状態で授業に臨んでいればよさそう？」と、問いかけます。

　その場合、授業中の動きについては、次の時間のはじめに語るのもよいでしょう。そのほうが、生徒がその時間に意識して活かしやすくなります。また、教師の側も前回の授業が終わってから次回までの間に、じっくりと内容や言葉を考えることができます。

どうしても学習内容について触れたい場合には

　このように、授業後の「語り」も全員達成に向けてどのように関わり合ったかについてがメインです。しかし、学習内容に関して、生徒たちのやりとりについて指摘しておきたいこともあると思います。

　そのような場合、私は投げかけや補足を行っています。自分たちが主体的に取り組んだ内容ですから、ほとんどの生徒がよく聞いてくれます。

　ただし、これも、集団の学び合いのあり方を振り返らせる具体例の一つとして扱い、教師に依存させないように気をつけます。

　説明したあとで、「でも、これってみなさんが全員で取り組めば到達できるレベルのはず！」とか、「誰か一人はわかっていたり、気づいていたりしたはず。それが全体に伝わるにはどうしたらよい？」とまとめるとよいと思います。

（新名主敏史）

STEP 11 ▸ 評価編1
定期試験

＼ アクティブ・ラーニングのための特別な試験をつくる必要はない ／

　アクティブ・ラーニングだからといって、特別な定期試験をつくる必要はありません。**指導と評価が一体であるという点は、通常の指導と同じです。**アクティブ・ラーニングで毎時間達成すべき課題が、定期試験で評価される内容と一致すればよいのです。

　試験や評価をどのようなかたちで実施するかを学期のはじめに明示し、少なくとも当面1、2か月間くらいの到達目標を生徒自身が具体的に把握しているようにすることがもっとも大切だと思います。

　その目標達成のために、授業ですることに加え、自宅学習としてやることも明確に示します。定期試験は示されたことをしっかりやったらよい結果が出せる問題にします。すると、その後も、「授業にしっかり取り組めば試験でいい成績が取れる！」と生徒は思い、一層授業に真剣に取り組むようになります。波及効果を狙います。

　私自身、アクティブ・ラーニングをする以前から定期試験は生徒にどのような学習をしてほしいのかを示すメッセージだと考えてきました。客観的な英語力の測定は、基本的に外部の検定試験などにゆだねて、定期試験は生徒が授業を重視するようになる波及効果を最優先して作成しています。

　今後、生徒が外部の検定試験を受ける機会はさらに増えるでしょう。その際、当然教師の指導のあり方についても評価されることになります。「指導のあり方」には、どのような定期試験を課しているのかも含

まれます。

　具体的には、教科書の音読トレーニングの反復に波及する、以下のような出題を中心にしています。静哲人先生の『英語テスト作成の達人マニュアル』（大修館書店、2002年）を参考にしています。

> - 文章中に抜けている1文をもどす問題
>   ⇨ 文章の論理展開や代名詞・指示語に注意して読む力
> - 文中の語句の並べ替え
>   ⇨ 正しい語順と前後の文脈や文法的なつながりを読み取る力
> - 文中に抜けている単語を本文にもどす問題
>   ⇨ 文脈的・文法的に「あるべき英語のかたち」をマスター
> - 文中の空所に適語を適切なかたちにして入れる問題
>   ⇨ 重要単語と動詞のかたち（時制など）をマスター

　自由英作文の試験問題も、毎日のWritingの課題で書いている英文をいくつかそのまま定期試験でも出題します。そのことが普段の課題への動機づけになり、毎日のWritingの課題を書きっぱなしにせず、試験までに正確さや英語らしさを高めることにつながると思います。

＼ 波及効果をより増大させるために ／

　アクティブ・ラーニングだと、試験の波及効果が個人にとどまらず、より一層全体に浸透するように感じています。

　試験の出題意図や形式に対してどのような学習をすればよいのかを理解し、試験準備に活かせるかは、やはり生徒によって差が出てしまうものですが、この点についても、アクティブ・ラーニングだと、学び合うなかで生徒から生徒に伝わりやすいのです。

　ストレートに、「全員の得点を上げるにはどうすればよいか、試験勉強のコツを伝え合う」という時間を与えたこともあります。（新名主敏史）

STEP 12 評価編2 音読テスト・パフォーマンステスト

＼ 自然に学び合いやすいパフォーマンステスト ／

　定期試験同様、音読・暗唱テストなどのパフォーマンステストも、波及効果を最優先で実施しています。学び合うことが結果的によりよい評価につながると実感できるようにします。

　私自身は、常に音読・暗唱テストを実施しています。授業でも自宅学習でもCD音声を活用して音読トレーニングを反復する習慣をつけてほしいからです。音読・暗唱テストは、教科書の英文を虫食いや、部分的に日本語にしてある音読シートを使って制限時間以内に読めるかどうかで合否を決めます。生徒は、クリアして検印をもらえるまで、授業以外の時間にも挑戦します。

　当然ですが、パフォーマンステストでは生徒たちが助け合う姿が目に見えやすいです。生徒たちにとっても、一緒に練習し、お互いにチェックし合うほうがわかりやすいようです。

　体育や音楽と同様、英語が技能教科であるという側面がはっきり表れ、スポーツのプレーや楽器の弾き方を教わるときの感覚で、「どうするの？」と自然に学び合っているように思います。

　アクティブ・ラーニングを導入したばかりで、生徒が学び合うということに慣れていない場合には、パフォーマンステストはよいきっかけになると思います。

全体の目標を全員に意識させる

　音読・暗唱テストの目標設定は、「〇月〇日までに、全員〇〇個クリアする」という全体の目標を示すかたちにしています。

　定期試験も、出題形式や難易度をできるだけ一定にし、「平均6割、最低3割、最高9割」を全体の目標として、結果を示しています。それぞれ結果を出すまでに得た学び方のコツ等を、個人個人だけでなく、全体で今後に何か活かせないか考えるように促します。

アクティブ・ラーニングの可能性

　今後、大学入試でも英語の4技能評価が本格化していきます。一斉講義式の授業ではますます対応が難しくなります。アクティブ・ラーニングでお互いに高め合うという文化がクラス内にできていると、特にSpeakingやWritingの指導で実践できることが増えると思います。

　また、Task-basedの指導・評価、Can-doリストに基づいたパフォーマンステストなどはアクティブ・ラーニングと相性がよいと思います。合格ラインを設定し、全員がそれを上回ることを目標にして、準備する期間を与えれば、生徒同士でお手本を示し合い、助言し合います。

（新名主敏史）

STEP 13 ▶ 評価編3
生徒による自己評価

⬇

＼ 自己評価で「望ましい学びのあり方」を浸透させる ／

　毎回の提出物や学期ごとの振り返りの際に自己評価をしてもらいます。自分自身の英語学習と集団でのアクティブ・ラーニングの両方に関することを聞いています。

　ここでも、「評価＝メッセージ」と考えています。**教師が考える「望ましい学びのあり方」を示し、生徒が「次はもっと…」と思う機会になることが理想だと思います。**

[例1] 毎回の提出物の振り返り欄

　文構造に気をつけながら英文を読む課題を行っていたときのワークシートにつけていた振り返り欄です。

❖**振り返り：復習時記入**

（◎・○・△・×）の自分が当てはまるものを○で囲み、全体の状況に当てはまると思うものに下線を引く。

(1) しっかり予習し授業中に全ての疑問点を解消できたか？（◎・○・△・×）

(2) 予習時、音読したか？（◎・○・△・×）

(3) 予習で選んできた英文は、目標に合致していたか？（◎・○・△・×）

(4) 復習時までに、worksheetの全英文のサイトトランスレーションをすらすらできるようになったか？（◎・○・△・×）

(5) 自宅学習時間の記録、コメント（よかったところ、改善するところ、気づいたこと、

感じたこと、次へのやる気につながることなど)
(予習時間:約　　　　分、復習時間約　　　　分)

　予習や復習も含めて、自分のことだけでなく周りの生徒の学習状況にも目を向けてほしくて、「全体の状況に当てはまると思うものに下線を引く」ことを求めました。
　もちろん、「全体の状況なんてわからない」と言う生徒もたくさんいます。しかし、全体を見ようとする生徒や、どうすればその状況がわかり、どうやってその情報を活かすかを考えてくれる生徒もいます。

[例2] 学期の振り返り例 (抜粋)

❖**自己評価:該当するものに○をして合計→　　　　点/25**

○「全員達成」を意識して工夫して目標達成を目指せたか
(常に!:5点、ときどき:2点、できず……:0点)

○授業時の音読、discussion時の声・発音
(はっきり正しい発音:5点、普通:2点、はっきりしない:0点)

○全員で目標に向かって互いに高め合えたか
(よくできた:5点、できた:2点、できなかった:0点)

○自分から積極的に声をかけたり、質問したりできたか
(よくできた:5点、できた:2点、できなかった:0点)

○家庭での音読
(毎日必ず実施:5点、授業当日・前日は実施:3点、まあまあやった:2点、していない:0点)

3. 自学および、授業でがんばったこと、成功した学習例など(やる気を維持するために意識していることなども)
4. 周りの人に言われてうれしかったこと(周りの人のよいと思うところや成長をぜひ伝えてあげてください)
5. 周りの人に学んだこと、感謝していること

(新名主敏史)

COLUMN 実践事例

アクティブ・ラーニングで見えること

アクティブ・ラーニングに出会って

　高校1年生の英語の担当になり、1学期はこれまでの指導同様、文法の説明やペアでの音読などがメインでした。夏期講習でグループでのアクティブ・ラーニングをはじめ、2学期からは完全にアクティブ・ラーニングに切り替えました。そのなかでの大きな変化は、授業中に寝る生徒がゼロになったこと、中学生のときまで英語が苦手だった生徒が意欲的に学習するようになったことです。

私のやっているアクティブ・ラーニング

　まずは『学び合い』によるアクティブ・ラーニングを実践するにあたって、次の3点にこだわりました。
　一つ目は、「英語は難しいからやらない」という生徒でも取り組める予習プリントの作成です。苦手な生徒でも取り組める予習プリントを準備したことで、生徒の授業に対する意欲が劇的に上がりました。
　二つ目は、定期的な復習テストの実施です。日々のアクティブ・ラーニングで力がついたことを実感させるために実施しました。テスト返却時に成績結果を示すことで、これまでの取り組みを反省し、定期試験までやる気を維持できるようにしました。実際、その結果を見て「次はトップ10に入るぞ！」、「前回より順位が上がった！」など意欲の高まった生徒が多く見られました。
　三つ目は、定期的に「振り返り」を行うことです。10項目ほどの5段階自己評価と、アクティブ・ラーニングの感想を書く「振り返りシート」を作成しました。自己評価と復習テストの点数の相関関係を見ながら、気

になる生徒への声かけもできました。

　この３点にこだわったのは、英語に関する話題を生徒一人ひとりと共有したかったからです。アクティブ・ラーニングのおかげで、私自身も生徒一人ひとりと関わる時間を増やすことができました。

学力・成績面で感じられた変化

　生徒の多くが第１回の復習テストと比べて、第２回の復習テストで大幅に点数が上がっていました。一番驚いたことは、中学時代に常に定期テストで平均の半分以下しか取れていなかった生徒が、初めて平均を超える点数をこの復習テストで取ったことです。アクティブ・ラーニングで着実に力がつくことを実感できたその生徒は、その後さらにアクティブ・ラーニングを積極的に行い、周りの生徒も感化されている状況です。

アクティブ・ラーニング後の自分の変化

　正直、半信半疑ではじめた『学び合い』によるアクティブ・ラーニングでしたが、生徒たちがのびのびと目標に向かって頑張っている姿を見て、生徒をほめる機会がかなり増えました。まずは生徒を信頼し、学び合うことは成績を上げるためだけではなく、社会に出てから必ず必要となるスキルだということを伝えながらこの方法を進めていくと、自ずとそのクラスだからこそつくり出せる、唯一無二の素晴らしいアクティブ・ラーニングになるのではないかと考えています。

　　　　　　　　　　　　　　　　　　　　　　　　　　（下入佐宏美）

アクティブ・ラーニングは方法ではない。教師の腹が成功のカギ

新任の校長が赴任したとします。さて、どれぐらいで職員室の雰囲気が変わるでしょうか？ おそらく数日で変わるでしょう。では、職員集団は何を手がかりに校長を判断するのでしょうか？

みなさんの学校にも、「あの人が言うならば正しいだろう」と思う人はいると思います。その人は人の腹を読むのに長けた人です。そのような人は人の個々の行動の裏にある、その人の行動を決めている考え方を読み取るのです。

そのようなことが得意な人は、集団に2割程度います。その人たちが立ち話のなかで情報を交換し、品定めをするのです。かなり正確に読み取ることができます。そして、その人たちが品定めの結果を周りの人に伝えます。そして、周りの人は、それを信じます。それが職員室で起こるのです。

教室での教師は校長と同じです。教師について、上記と同じことが教室で起こっているのです。

人の行動を読める人たち（生徒たち）は、いったい何を見ているのでしょうか？

職員集団がチームになることが大事であることを理解し、集団を動かそうとするか否か、また、職員集団を有能と思い任せるか、職員集団を信じられず、細かい指示を与えるか否かを見ているのです。

職員室のなかで管理職に対して、職員から辛辣な意見が飛び交う場合もあるかもしれません。しかし、教室のなかではあなたが管理職であり、職員が管理職を見るのと同じ視線で、生徒たちがあなたを見ていることを忘れてはいけません。

（西川純）

CHAPTER
4

やってみよう!
アクティブ・ラーニング
課題づくり編

STEP 1 課題づくりで意識していること

＼ 課題づくりには、願いや考えが反映される ／

　この章では、2人の実践者が普段行っているアクティブ・ラーニングの課題例を紹介します。まずそれぞれが課題づくりで意識していることを示します。それ以降の節で紹介されている課題が、なぜそのようなかたちになっているかを理解していただくためです。

　それぞれの学校・学年の現状、英語教育の目標などによって、最終的なかたちは当然違ってくると思います。**実践例を批判的に読んでいただき、それぞれの先生なりの実践に活かすために、各課題につながる考えを先に知っていただくことが大切だと考えました。**

① **「〜できるようになってほしい」を明確に！**
　生徒が授業後に何をどこまでできるようになってほしいかを明確にします。それをそのまま伝えたものが課題になることもあります。
　英文の内容を理解できればよいのか、構造を理解してすらすら正しい発音で音読できるようにするのか、自己表現に活用するのか、同じような内容や論理展開の英文を初見で読めるようにするのか、その授業での目標設定を明確にすることが大切です。生徒が自分自身でも評価して「全員達成」を目指すのが目標ですから、自然とシンプルになります。
　Can-doリストを具体的な指導にどう活かすかに取り組んでこられた方は、課題づくりでもさまざまな発想が出てくると思います。

②自宅学習も含めて、英語に触れる時間が増えるように！

　各時間の課題と予習・復習のつながりや、中期・長期的な見通しも生徒に明示します。具体的には、各時間の学習範囲を示した表と授業前、授業中、授業後に何をやって、どのような状態になるのが目標であるかを明記したワークシートを配付します。当然、授業中には授業でしかできないこと、一人では取り組みにくいことを優先します。

　高校の英語授業では、自宅学習の時間をいかに確保するかも重要です。特に大学入試や検定試験を意識する場合はなおさらです。予習ができるように、事前に課題は示しておく場合が多いです。

　一定期間はなるべく同じ課題設定で異なる英文や単元を扱うようにしています。反復によって、学習方法を習慣化し、課題を解決する視点を身につけてほしいからです。素材を変えながらも同じ課題設定で進めていくと、集団としても日々試行錯誤する様子が見えてくるようになります。

③「自由度が高く選択の余地がある！」＆「challengingである！」

　全員が一つの同じ答えに向かう課題だけではなく、差異を楽しめて、差異が活きるような課題づくりもしたいと思っています。「学校に来てほかの人と学び合ってよかった」、「自分で考えて予習しておいたことがほかの人のためにもなってよかった」という気持ちになることを期待しています。

　P. 90～115にそうした課題の実践例を取り上げていますが、入試から逆算せざるを得ない時期に行ったものが多く、厳しめの課題設定になっています。実際に実践したときには昼休みや放課後などにも学び合うことが増え、授業外での学び合いに波及していると考えています。

（新名主敏史）

STEP 2 ▶ 他者と関わり合う課題設定をしよう

＼ 自分で解決する力・他人の力をうまく借りる力を育てる ／

　勤務校の生徒の英語力はさまざまです。得意な生徒もいる一方、中学時代のつまずきから、英語を大の苦手としている生徒もいます。

　そのような生徒たちが相応の英語力、そして社会に出たときに必要な英語以外の力を授業内の課題を通して身につけてほしいと考えています。**学校でしかできない、他者との関係性のなかで身につく力を育むことを意識し、毎日の授業実践にあたっています。**

　電子辞書で例文を見る機能やジャンプ機能、参考書の索引の使い方も生徒自ら身につけてほしいところです。しかし、一斉指導で数回指導しても、それらの使い方が生徒に定着し、自ら進んで勉強するようになりません。

　アクティブ・ラーニングに取り組んでからは、生徒がそのような体験を授業内でしていなかった、もしくは我々教員が体験をさせていなかったからだと考えるようになりました。

　授業で身につけた勉強方法が、家庭学習での勉強につながり、定期試験ひいては大学入試に向けて自学自習できるような生徒に育っていくよう、課題を設定しています。そうした力を育てることが、将来さまざまな困難に直面したとき、自らその困難を解決していく力につながっていくのではないかと考えています。

　Speakingでは話す相手が必須です。Writingでは書いたものを読んでくれる相手が必要になります。例文暗唱も誰かに確認してもらうこと

で、ごまかしがきかなくなり、課題達成に向けてのハードルが上がります。そのとき他者とのコミュニケーションが不可欠です。

コミュニケーションを成立させるためにSpeakingやWritingで、他者の力を借りることを促す課題設定・評価方法にしています。具体的には「○人にチェックを受け、サインをもらう」、「○語以上の正確な英語で書き、A～Dの評価をもらうことができる」など客観的評価を課題のなかに入れることがあげられます。

学年を追うごとに課題の設定を高くする

大切にしていることは、時間設定はキチンと守りつつ、演習や活動の時間を確保することです。高校3年では大学入試問題をそのまま課題として設定し、みんなで課題解決に向けて取り組ませています。

一斉指導であれば解説するであろう内容や、本文の和訳・問題の答えは印刷して、生徒がいつでも手に取ることができるようにします。また、受験参考書や問題集も教室に配置し、生徒が自由に閲覧できるようにしています。「○○大学の問題の模範解答をつくる」といった課題も、生徒みんなで切磋琢磨するにはおもしろい課題になります。

学年が上がるにつれて、みんながヒィヒィ言うぐらいのハイレベルな課題設定にしていきます。そして「世間ではこれが普通」と語るようにしています。

学年が上がり、課題のハードルが上がるにつれて、全員が課題達成しないことも増えてきます。しかし難関大学の問題を演習で一斉指導しても、結局わからないまま終わってしまう生徒が置いてきぼりになってしまうのも事実です。それよりも生徒の力を信じ、任せてみて、全員で切磋琢磨して課題の達成に向けて彼ら自身が努力する姿勢を大切にしています。

(江村直人)

STEP 3 ▸ Vocabularyに関する課題

＼ 反復とともに工夫をしながら単語を覚えてほしい ／

> 課題：予習でその日の英文中の単語で覚えにくいものを1つ選び、語源などの覚え方の工夫を考え、授業時にシェアする。

　授業のはじめに、読解の課題の前にウォームアップとして行う課題です。

【予習・授業の指示】
①予習で、何度か反復しても覚えられなかった単語をチェックする。

②そのなかから最低1単語選び、語源や語呂、派生語、反意語、類義語などを駆使して覚えやすくできないか調べたり、考えたりする。

③授業中、その工夫を周りの誰かとgive & takeする。3分以内にどんどんパートナーを替えて、なるべくたくさんの相手と行う。

- give: 自分が工夫してきた単語を相手が覚えているかをチェックし合って、覚えていない相手に覚え方の工夫を伝える。
- take: 自分が覚えにくい単語について、何か覚え方の工夫を知っている人を探して、聞いてみる。

⇨ ● ほかの人に聞いたなかで、その日一番納得できた覚え方と単語と、それを教えてくれた人の名前を次の用紙に書く。

【授業1回あたりの課題】（これを1枚に複数回分、裏表で印刷。）

Page	予習で準備した語と、覚え方の工夫	予習でtakeしたいと思った語	授業中、一番納得できた覚え方と単語	検印
P.○○ 授業日 (/)			(given by　　　)	

　授業中に練習しながら語句の説明をしていたときは、自分がこのような覚え方の工夫や派生語を紹介していました。それを生徒自身にしてもらう課題です。ちまたには、語源や語呂を利用して覚え方を示してくれている本がたくさんあります。それらの本や辞書を生徒自身に活用してもらい、親しんでもらいながら、**単語をただ暗記するのではなく、工夫して印象づけしながら覚える姿勢を身につけること**を願ってつくった課題です。

（新名主敏史）

生徒が実際に記入したワークシート

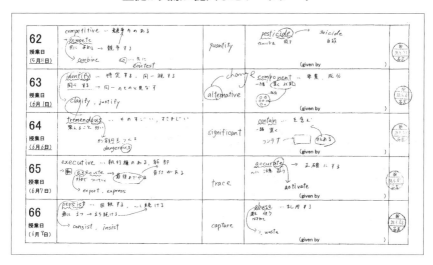

以下は、同様のことを狙った発展形です。

> 課題：予習でその日の英文中の単語から覚えにくいものを1つ選んで、それを中心にword webをつくり、授業時にシェアして、相手のword webに何か1語付け加える。

【予習・授業の指示】
- 予習で覚えにくい単語を選びその語を中心にword webをつくる。word webは語源や、派生語、反意語、類義語、意味的に関連する語やphrase、同じphonics ruleを使う語などを連想してつなげてつくる。
- 授業中、ペアになった相手に自分のつくってきたword webの英単語を読みあげていく。聞く側は、相手のword webで関連がわからない単語、意味がわからない単語についてたずね、最後に相手のword webに単語を1つ以上追加する。
⇨ ● 席に戻って、やりとりを思い出してword webに追加する。
⇨ ● 提出する。

ワークシートに示した例

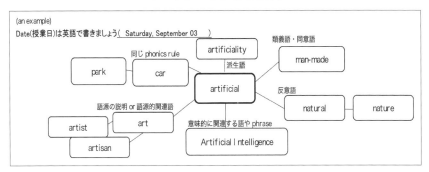

生徒が実際に記入したワークシート

① どのような単語をつなげていけばよいのかわかるように「枠」を指定したパターン。

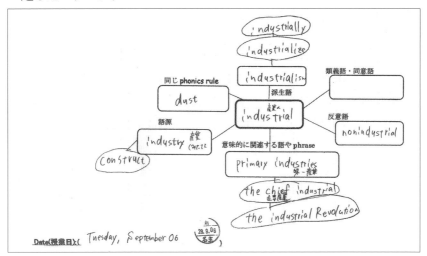

② 生徒が慣れてきて「枠」を無くして自由に書けるようにしたパターン。

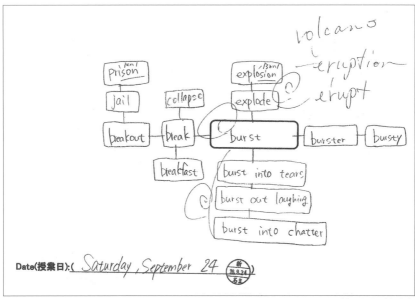

(新名主敏史)

STEP 4 ▸ Readingに関する課題（サイトトランスレーション）

\ 復習の音読トレーニングを実りあるものにしてほしい /

　「授業内で生徒にできるようになってほしいことは何か？」を考えて、今の生徒たちに対して出すことが多い毎日の課題が以下のものです。教科書・副教材、どちらの長文でもできます。CDなどの音声を使って予習・復習でトレーニングできるようにしています。

> 課題：全員が〇〇ページの語句や意味の切れ目やつながりをすべて理解し、正しい発音でサイトトランスレーションができる。

　自宅学習もしやすいように、基本的に音読トレーニング中心の学習をすすめています。その際、いわゆる「空読み」にならないように、まずは英語から意味をしっかりつかみ取れるように、授業の最初ではサイトトランスレーションを行います（かたまりごとの英語を音読したあと、その部分の意味を日本語で言うかたちで行っています。なるべく英語の表現に忠実でしかも自分で英文の内容が理解できる日本語を、できるだけ返り読みしないかたちで言うように指導しています）。

　中学で指導するときは、英文がそれほど複雑でなく、内容もわかりやすいので、プリントで示して、一度全体で練習する程度でだいたい大丈夫でした。しかし、高校で扱う英文は理解してサイトトランスレーションをすること自体が難しく、できるまでにかなり時間がかかります。

　意味の区切りごとの日本語が書かれたプリントを配付していても、な

ぜそのような日本語になっているのかよくつかみきれていないまま日本語を読んでしまっている生徒もいます。ここをクリアしなければ音読トレーニングが実りあるものになりません。

　授業中にサイトトランスレーションがしっかりできるようになった英文について、自宅の復習で何回もリピーティングやシャドウィングし、定期試験や音読・暗唱テストにつなげます。

【予習・授業・復習の指示プリントの内容】
予習（30分～1時間程度）
①本文を自力で読み、内容理解のための問題を解く。
②<u>本文中の単語を覚える</u>。quick responseの練習。
　●必ずCDを聴いて、正しい発音で！
③サイトトランスレーションの練習（区切りごとに音読→和訳）。
　●CDを聴いて正しい発音で！　不明なところは和訳を参考に。
　※すっきり理解ができないところは、「予習ノート」に「？」印をつける。
　→余裕があれば辞書や文法書で調べて冊子に書き込む。

授業→※全員が復習のときに自力でサイトトランスレーションができるように！
　teamの一人として目標を達成するために最大の効率と効果を追求する。正しい発音で単語・英文を読めていて、意味のかたまりやつながりを正しく理解して訳せているかどうかお互いにチェックする。自力でできていればゆっくりでもOK。復習のときにさらに繰り返し練習して、すらすらできるようにする。

復習（30分程度）
①CDを使って、単語とサイトトランスレーションの仕上げ。
②自力ですらすらできるようになったら、日本語から少しずつ離れて、<u>英語とイメージや意味を直接結びつけるように音読</u>。音読シートやCDを活用してリピーティングやシャドウィングなどの音読練習を行う。

（新名主敏史）

STEP 5 ▸ Readingに関する課題（スキミング）

\ 要するに何を言いたい英文なのかを意識して読んでほしい /

　サイトトランスレーションで1文1文の疑問点を解決しながら英文に触れていると、言語的な面ばかりに焦点を当ててしまう生徒が出てきます。この対策として、内容にも焦点を当てる読解になるように、要約やリテリングをすることは多いと思います。

　前節のサイトトランスレーションの課題と同じ時間内に、以下のような課題を追加しました。この課題に限らず、「課題1」、「課題2」というふうに1時間の授業中に複数の課題に取り組ませることも多いです。時間配分などは生徒たちに任せます。

> 課題：予習で書いてきた要約を全員お互いに採点し、採点の根拠も伝えて、納得して受け取ってもらう。

　生徒は予習で書いてきたものを毎回の授業開始時に提出します。サイトトランスレーションの課題をしている間に検印を押し、本人以外の生徒にランダムに配付します。生徒たちはほかの生徒が書いた要約を受け取ることになります。

　生徒たちは自分たちが都合のよいタイミングで要約の採点をします。採点基準をどうするか、一人では自信がない生徒は周りと相談します。そして、「ここに書かれているポイントが入ってないよ？」といった指摘を受けて考え直すなど、そのやりとりのなかで、要約のコツや視点を

身につけています。

　採点が終わったら、要約を書いた本人に渡しに行き、得点の根拠を伝えます。全員が相手に納得して受け取ってもらえたら、課題達成です。

　たいていランダムに配付していますが、ほかの人との関わりが少ない生徒のものを選んで渡すこともあります。関わりがさらに多様化するきっかけになるように、という意図です。

（新名主敏史）

生徒が実際に記入したワークシート

61 (1) 内容に focus して音読。その後。
Write a summary in a few sentences. （採点者：　　　）【①内容： 3 点/3, ②表現・正確さ： 2 点/3 計 5 点/6】 〔的の言葉を使って!!〕

The popularity of organic farming of fruits and vegetables is increasing. Organic agricultural products are thought to be generally safer than non-organic ones.

61 (1) 内容に focus して音読。その後。
Write a summary in a few sentences. （採点者：　　　）【①内容： 2 点/3, ②表現・正確さ： 3 点/3 計 5 点/6】 〔有機農業のことか知らない人に⊕〕

People are worried about food safety so the popularity of organic farming of fruits and vegetables is increasing. Also, organic is safer than non-organic.

62 (1) 内容に focus して音読。その後。
Write a summary in a few sentences. （採点者：　　　）【①内容： 2 点/3, ②表現・正確さ： 3 点/3 計 5 点/6】 〔語が良いというのも重要だと思いました〕

Organic food is more expensive than non-organic food. But many people will agree that the higher price of organic farming is in fact a small price to pay for our health and safety.

62 (1) 内容に focus して音読。その後。
Write a summary in a few sentences. （採点者：　　　）【①内容： 3 点/3, ②表現・正確さ： 3 点/3 計 6 点/6】 〔①Endがしっかりされていていい!!〕

In addition to food safety, another reason for the popularity of organic fruits and vegetables is that they taste better. They are more expensive than non-organic food. But, Many people would agree to pay of them.

STEP 6 ▶ Readingに関する課題（スキャニング）

⬇

\ 必要な情報を探しながら読めるようになってほしい /

> 課題：本日の英語長文の内容について、予習で書いてきた質問文に対して、答えの根拠を本文の中から探してお互いに答える。（→本文の内容理解を確認し、深める。）

　この課題はスキャニングのトレーニングのためものです。お互いに作ってきた質問文を出題し合って、本文の該当箇所を探して答えます。

　予習段階では、「本文の内容理解を確認し、深められるような質問文を作る」ように指示しています。作る時も答える時も、内容に焦点を当てて英文を読むことになります。

　また、生徒自身が本文についての質問文を作成するので、疑問文を作る練習にもなります（はじめは意外と疑問文ができない生徒が多く見られますが、慣れていくうちに改善されます）。

（新名主敏史）

生徒が実際に記入したワークシート

68 (1)「Question」for getting the picture (本文の理解につながる問いかけ)【①内容・量：3点/3 (bonus + 点), ②正確さ：2点/2 計5点/5】
Q Why the modern medicin man has forgotten about the potential strength within the patient?
A He has gained so much power over certain diseases through drugs.

67 (1)「Question」for getting the picture (本文の理解につながる問いかけ)【①内容・量：3点/3 (bonus + 点), ②正確さ：1点/2 計4点/5】
Q What is many experts say the most likely candidate?
A It's the fuel cell.

69 (1)「Question」for getting the picture (本文の理解につながる問いかけ)【①内容・量：3点/3 (bonus + 点), ②正確さ：2点/2 計5点/5】
Q According to the paragraph 2, what are superior to houseflies?
A Hoverflies are.

64 (1)「Question」for getting the picture (本文の理解につながる問いかけ)【①内容・量：3点/3 (bonus + 点), ②正確さ：2点/2 計5点/5】
Q What can we reduce by lowering our cholesterol?
A We can lower the risks for heart disease.

---

66 (1)「Question」for getting the picture (本文の理解につながる問いかけ)【①内容・量：3点/3 (bonus + 点), ②正確さ：2点/2 計5点/5】
Q What did the researchers use to train five ordinary household dogs?
A They used a food reward-based method.
(2)「Question」for chatting or discussion (本文から興味を広げる問いかけ)【①内容・量：4点/4 (bonus + 点), ②正確さ：3点/3 計7点/7】
Q What do you think about dog's keen sense of smell?
A I think it is very wonderful. Because it helpful for human in saving life. Also, dogs are playing important roles in some situations.

67 (1)「Question」for getting the picture (本文の理解につながる問いかけ)【①内容・量：3点/3 (bonus + 点), ②正確さ：2点/2 計5点/5】
Q Why are experts not worried about the world's known oil reserves?
A Because they are thinking that new technologies will avert a global energy crisis.
(2)「Question」for chatting or discussion (本文から興味を広げる問いかけ)【①内容・量：4点/4 (bonus + 点), ②正確さ：3点/3 計7点/7】
Q Do you agree nuclear power plant?
A I disagree, because it is dangerous and it gives many people to fear and worry. So, I think we should use safe energy.

68 (1)「Question」for getting the picture (本文の理解につながる問いかけ)【①内容・量：3点/3 (bonus + 点), ②正確さ：2点/2 計5点/5】
Q What was contentment considered until the nineteenth century?
A It was considered a prerequisite for health.
(2)「Question」for chatting or discussion (本文から興味を広げる問いかけ)【①内容・量：4点/4 (bonus + 点), ②正確さ：3点/3 計7点/7】
Q What do you think about spontaneous healing power?

STEP 7 ▸ Readingに関する課題（読解力）

\ 実際の課題例 /

> 課題（Lessonひとつ分を丸々読み切る場合）：Lesson○Part 1 ～ 4 を読み、全員が各段落にタイトルをつけることができる。TF（True or False）問題の解き方を、全員が仲間に説明することができる。

> 課題（Partごとに読む場合）：Lesson○Part 1 を読み、登場人物の特徴と、その心情がどのように変化していったのかについて、全員が仲間に説明することができる。

\ 長文を読み切る力を養う /

　Readingの指導では、教室内に一人では全く読めない生徒も、一方サクサク読めてしまう生徒もいると考えられます。また教師が主導で訳を確認していき、文の構造を分析する一斉授業では停滞する可能性もあります。

　普段行っているReadingの授業を、生徒の力を信じてそのまま任せてみることで、一気にアクティブな授業になっていきます。

　1時間でLesson丸々ひとつを読み切ることも課題として設定できます。模擬試験や大学入試では、教科書のLessonひとつ分以上の量の英文を短時間で読み切る力が必要となります。

駿台予備校の竹岡広信先生によると、近年の大学入試では、「英文の全体像を捉えて解答する力」が求められる出題が多いとのことです。そのための訓練を日頃から行います。実際、現行の大学入試センター試験の第6問には、各段落にタイトルをつける問題が出題されています。

タイトルの例とTF問題の答えは、あらかじめ教師が用意した答え合わせ用のワークシートに記載して、生徒自身で各自答え合わせができるようにしておきます。単語リストや本文の和訳も、必要であれば生徒が自由に使えるように用意しておきます。

Partごとに精読する力を養うことも、課題にすることが可能です。文型の確認や構文を読み取る力、修飾関係を把握する力、文章の内容を正確に把握する力を生徒が身につけることを意識しながら、課題を設定してください。

課題の調整の仕方

生徒の普段の様子を見て、英文の分量を変えることできます。全4パートであれば2パートごとに英文を区切って、英文の量を調整することも可能です。あらゆるアレンジができます。生徒がTF問題だけでは物足りない様子であれば英問英答の問題を付け加えることなどができます。

Partごとの課題では、教科書準拠のワークブックなどを利用して、内容理解問題を課題にプラスすることもできます。また分詞構文や関係代名詞の省略など、構文をきちんと捉えさせたい場合には、課題にそれを明記することもできます。「200字程度の日本語で」などと指定し、要約文を書く課題も効果的です。

文構造の捉え方のプリントや教科書の指導書、受験参考書の参照ページを教室内に置いたり、生徒の人数分印刷して置いておいたりすることも有効です。難解な英文で、生徒に各文の英文解釈をしっかりと行わせたいのであれば、それをもとにした課題を設定することも可能です。

（江村直人）

STEP 8 : Grammarに関する課題

＼ 実際の課題例 ／

> 課題：should, had better, will, would, used toを用いて、全員が教科書○〜○ページの問題の解き方を説明できる。(全1時間)

> 課題：分詞を用いて、全員が教科書○〜○ページの問題の解き方を説明できる。(Part2まで全3時間)

＼ 停滞しがちな文法授業を活性化 ／

　英文法の指導は生徒が正しく英語の力を身につけていく上で不可欠です。しかし、一斉指導になりがちで、文法用語を多用したあげく、英語嫌いの生徒を生み出す原因になってしまうこともあります。
　英文法の指導をアクティブ・ラーニングで行うことで、授業中の生徒の活動が活発になります。また、生徒が自ら辞書や参考書を使えるようになるなどの利点があります。

＼ ワークシートは極力シンプルに ／

　文法の指導では、ワークシートにその授業あるいは単元で生徒に習得してほしい文法項目と、参照する教科書・参考書のページを記載し、授

業の最初の語りで伝えます。また、時間数も示します。

　教科書の問題の模範解答を教卓横の机に置き、生徒が自由に参照できるようにしておきます。場合により、ワークシートの記入例を置いておくのもよいでしょう。

　教科書の指導書や市販の文法の解説書などを数冊教卓付近に置いておくと、それらを参照する生徒も出てきます。その生徒がほかの生徒に知識を広げていってくれることで、よりよい学びを実現する集団の形成にもつながります。

　「used toとwouldの使い分けは？」など特に注意してほしい点はあらかじめ明示しておきます。それ以外は、習得してほしい文法事項のみ記載しておくなど、ワークシートは極力シンプルなものにするように心がけてください。あまり多くの情報を与えすぎてしまうと、生徒の活動の自由度が失われてしまいます。

　シンプルなものにすればするほど、生徒は自分たちの力で課題を解決しようと動き出します。問題に取り組みながら、足りなかった情報を生徒たちはそれぞれワークシートに書き足していきます。

```
Grammar ワークシート    Lesson 9 — Part 1              ③ 知覚動詞＋O＋分詞
■ 分詞①    教科書 p.68-69   参考書 p.183-206              知覚動詞＋O＋現在分詞
■ Target    分詞を使って英文を書くことができる。  全2Parts 3時間
① 名詞を修飾する  分詞
          →「　　　　　　　」:現在分詞 ・「　　　　　　　」:過去分詞
    1. 前置修飾                  2. 後置修飾                     知覚動詞＋O＋過去分詞
    分詞（1語のみ） 名詞          名詞 分詞＋… （その他付随する語句）


② 補語になる分詞 (叙述用法)                              ④ 使役動詞＋O＋過去分詞
S V C                                                   have[get]＋O＋過去分詞



S V O C                                                 have[get]＋O＋過去分詞
```

＼ 課題の調整の仕方 ／

　1時間で扱う問題演習の量や難度、教科書のページ数、全何回で課題を達成するかで生徒の負荷を調整することができます。

（江村直人）

STEP 9 例文暗唱に関する課題

\ 実際の課題例 /

課題：
①動名詞を用いて、全員が例文集Lesson○の1〜9番を暗唱することができる。できたら、男女1人ずつ仲間にサインをもらう。
②○時○分からの小テストで、全員が9点中8点以上を取る。

\ 正しい型を身につけるために /

　文法の指導をしたけれど、英作文に結びつかないことがあったり、集団によっては英語が苦手な生徒が多くいたりする場合もあります。
　そうした状況ではアクティブ・ラーニングで例文暗唱を行うことがおすすめです。**暗唱を行うことによって、英語の型をインプットすることができ、ほかの英文にも応用することができます。**
　表現力やのちの英作文をする上での基盤になることを意識させると、高校生でも意欲的に取り組みます。

\ 例文を習得し、小テストで定着を図る /

　コミュニケーション英語や英語表現の教科書には多くの場合、例文が

ついています。それらを習得することを課題として扱います。生徒に習得させたい例文集を用意しましょう。年度の最初に生徒に渡しておいて、予習を促しておくことも可能です。

環境設定として、CDプレーヤーやスピーカー、iPodやiPadなどを教室に可能な限り用意しておき、自由に生徒が使えるようにしておきます。そうすることで、例文の発音がわからない場合には生徒がそれぞれ確認できるようにしておきます。

授業の最後に小テストを入れることも効果的です。覚えた英語の型を、文字につなげることを生徒に意識させます。小テストの時間設定は、最後の語りと問題量を考慮した上で設定してください。10分程度でできるものが目安になります。

＼ 課題の調整の仕方 ／

1時間で覚える英文の数を増減することで、生徒への負荷を変えることができます。普段接している生徒の様子を見ながら、与える量を調整してください。

小テストの問題を、例文そのままにするか、語句を多少変えて応用問題にするかで、難度の調整をすることもできます。覚えた型がほかの英文にもつながることを意識させる上では、小テストの問題の語句を覚えた英文から多少変化させたものにすると応用力の向上になります。

覚えた英文のいくつかを定期試験にそのまま出題することで、下位層の生徒にとっても勉強がしやすくなります。

大学入試に関する英作文や英語構文等の問題集の例文を扱うことで、よりレベルの高い課題設定にすることもできます。　　　　（江村直人）

STEP 10 : Listeningに関する課題

＼ 聞き取りのコツをつかんでほしい ／

> 課題：聴いた英文を全て書き取りなさい。（あるいは聴いた内容を英語で復元させなさい。）全員が完成させながら聞き取りのコツを最低一つはつかむ。

　dictation、カッコ内はdictoglossの課題です。シンプルで学び合いやすいと思います。プレーヤーが複数台あって好きなときにそれぞれ聴き直しできるのが理想ですが、1台しかない場合はずっとリピートでかけっぱなしにしています。

　自分が思っていたのと周りの考えが違う場合に聞き取りのコツなどを言い合います。さらに、自分や相手が聞き取れない原因がどこにあるのかを考え、聞き取れるようにするために適切なヒントを個別に与え合うように促します。音声面・語句の知識・文法・文脈のうち、どこに聞き取れない原因があるのか考えてヒントを出し合うことで聞き取りのコツをつかんでいきます。

　グループでの協働学習を行っていたときには、みんなで考えてグループに1枚を仕上げるというかたちでした。しかし、一人ひとり全員が自分のものを仕上げながら、自分が聞き取れない原因を一つでも解消するきっかけをつかむために、一人1枚にしています。コツをつかむことを確実に意識させるためには、ワークシートを以下のようにするとよいと

思います。

```
（聞き取った英文）
_____

（参考になった聞き取りのコツ）
_____
```

　しっかりした英語力をつけようと思うと、授業中だけでは英語に触れる量が足りません。自主学習が必要です。**授業中は自分ひとりでは難しい「聞き取りのコツをつかむ」きっかけになる課題を中心にします。**

＼ 聞いて理解できるための前提を実感してほしい ／

> 課題：（リスニング問題を解いた後）、放送文のスクリプトをつかって読解問題として解きなおし、全員が正確に自己採点する。

　大学入試センター試験の過去問などを演習後、放送された英文のスクリプトだけを配り、「全員が正確に自己採点する」ことを求めます。もちろん、読んでもわからないところは調べたり、人に聞いたりしてOKです。

　リスニング問題ができてないところについて、そもそもその英語を読んでわかるレベルになっているのかということを確かめさせます。もし読んでも解けないのなら、まずは読んでわかるように語句や表現、構文を身につけてしまわなくてはなりません。

　音読トレーニングなどで読む力や語句や表現を身につけることが間接的にリスニング力にもつながるのだということを再確認してもらうことが一番の願いです。

　リスニング問題のスクリプトのほうが英文自体はやさしいので、読解の演習が難しすぎると感じる生徒にとっても、速読と答えの該当箇所を探す（スキャニング）よい練習にもなります。　　　　　　　（新名主敏史）

STEP 11 Speakingに関する課題

\ 実際の課題例 /

①Lesson ○ Part○の内容を、全員が１分間で話すことができる。仲間２人に確認をしてもらい、サインをもらうことができる。
②○時○分から、全員がWriting Sheetに60語以上の正確な英語で要約文を書き、仲間にＡ～Ｃの評価をもらうことができる。

\ 「失敗を恐れずに英語を話す力」を高める /

　Speakingでコミュニケーションを成立させるためには、「とにかくたくさん話すこと」が必要です。ツアーで海外旅行に行った際に、現地のガイドの方が、文法的には多少正確でなくても堂々と日本語をペラペラと話している光景を見たことはないでしょうか。そのような**「失敗を恐れずに英語を話す力」**をSpeakingの課題では身につけるように、生徒に意識させます。

　コミュニケーション英語の教科書の内容を、そのままSpeakingの題材として使うことができます。しかし、いきなり「教科書の内容について英語で話せ」と言われても、生徒たちは話すことができません。

　そこでまず、教師が選んだ「本文の主旨が取れるフレーズ」または「ターゲットとなる文法や重要表現が含まれるフレーズ」を10個程度重

点的に練習させます。

　その後、本文全体の音読練習につなげるように促します。それぞれの重要なフレーズが、本文のどの箇所で使われているのか意識しながら、音読をさせていきます。10個のフレーズは初期のころは教師側で選び、慣れてきたら生徒が各自で考えて選んでいくこともできます。

　音読練習ができた生徒から、1分間のSpeaking活動に取り組みます。その際、練習した英文の内容やストーリーを踏まえて、何も見ずに自らの英語で論理的に話すように指示をします。生徒によっては、納得がいくまで何度も挑戦します。

＼ SpeakingをWritingにつなげ、「正確さ」を身につける ／

　話し言葉は残らず、消えてしまいます。そのため話したあとの活動では、きちんとWritingをさせ、文字につなげるようにします。Writingの際には、話したこと、話すべきだったことを論理的な文章で語彙・表現・文法・punctuationを間違えずに書くように、声かけをしてください。授業終了の10分前から、Writingを開始するのが目安です。

　授業の準備は、教科書もしくは本文の載っているワークシート、Writing用のシートです。タイマーも数個あると、Speaking活動に生徒がそれぞれ取り組むことができるので便利です。CDプレーヤーやiPadなどの音声機器を用意して、発音の確認など本文の音声を生徒が自由に使えるようにしましょう。

＼ 課題の調整の仕方 ／

　英文の難易度によって、Speakingの時間の長さ、Writingの目標語数を調整することが可能です。苦手な生徒には、簡単なメモを見ながらSpeakingに取り組むことを許可します。Lesson丸々ひとつ分をSpeakingで取り組ませると、高度な課題になります。　　　（江村直人）

STEP 12 Writingに関する課題

\ 実際の課題例 /

> 課題：助動詞を用いて、初めて日本に来た留学生に向けて「地元の観光名所の案内文」を、全員が50語以上の正確な英語で書くことができる。

> 課題：英語の時制を意識しながら、全員が過去1か月どんなことがあったのか、と向こう1か月の予定を書くことができる。書いたら、仲間にコメントを書いてもらうことができる。

> 課題：「小学生の早い時期から学校で英語教育を始めること」についての自分の考えを、賛成・反対の立場を明確にして、全員が80語以上の適切な英語で書くことができる。

　英語表現のテキストにはそれぞれの単元でテーマとされる題材があります。それに付随した英作文のテーマをそのまま課題として設定することができます。「○○を用いて～」ということを一言入れると、その英作文をする際に生徒に意識してほしい文法を明示することもできます。

　準備として、課題を明記し、書いた語数を記録する欄を設けたWritingのためのシートを用意します。教室に英作文のモデルや模範解答を生徒の人数分置いておくと、あとで生徒が各自確認をすることがで

きます。

身につけた英語力をアウトプットする

　生徒がさまざまな活動を通して身につけた英語力をアウトプットする力を養います。論理の展開や表現の方法を工夫しながら伝える能力を身につけるよう意識させていきましょう。また**「誰かが書いたもの」**には**「それを読む人」**がいます。それを生徒が意識できる課題を設定すると、アクティブなWriting活動にしていくことができます。

Paragraph WritingやEssay Writingにつなげる

　学年や生徒の取り組み具合に応じて、文章構成を意識したParagraph WritingやEssay Writingを身につけさせていきます。その際も教師が文章構成を一斉指導するよりも、文章構成がわかる生徒がほかの生徒にどんどんと広げていくほうが効果的です。教科書の指導書や、受験参考書を教室に配置して、構成の仕方を身につけられる生徒を増やしていきましょう。

課題の調整の仕方

　「書いたら、3人以上に読んでもらい、A～Dの評価をもらう。指摘してもらった箇所は、すぐに訂正する」といった文言を課題にプラスすることもできます。そうすることで、仲間同士で間違いを指摘し合うことにつながり、どこを直せばいいかすぐに生徒自身が気づくことができます。

　また、書く文の量や語数指定を加減することで、難度の調整をすることができます。模擬試験や大学入試で出題された題材をそのまま課題にすることで、それらに対しての意識づけもすることが可能です。

（江村直人）

STEP 13 ▶ Speaking、Writing に関する課題

\ 読んだ内容を自分にひきつけ、アウトプットにつなげてほしい /

> 課題：読解で扱う英文の内容について予習でオリジナルのQ&Aを作成し、授業時に3、4人でシェアして、5分間英語で話し続ける。

　前節のスキャニングのトレーニングのための質問文は、本文に答えの該当箇所がある質問です。こちらの課題では「本文の内容に関連し、興味を広げる問いかけ」を疑問文のかたちで作るように指示しています。

　どちらも、サイトトランスレーションをできるようにする課題のあと、授業終盤5分間の"discussion time"で使用します。

　その日に読んだ英文に関係する話題なので、話すときにも語句や表現がつながってきます。また、教師の側は学び合いの様子を見ながら生徒の書いたものを添削や採点することもできるので、毎回フォローや評価ができます。ワークシートの内容は以下のようなものです。

【予習・授業・復習の指示】
- 予習でQ&Aを考えて書いてくる。（2）はQのみ。
⇨ ● 授業のはじめに毎回提出（後半のdiscussion timeまでに返却）。
⇨ ● 復習時、授業中のdiscussion timeのやりとりも活かして用紙を仕上げてくる。特に（2）のA
　→このように毎回練習して表現力をつけてください。試験でも同様に出題、この用紙は平常点に加算します。

【授業1回あたりの課題】（これを1枚に複数回分、裏表で印刷。）

(1)「Question」for getting the picture（本文の理解につながる問いかけ）
　……本文の理解を確かめ、深められるもの。全体をまとめるような質問や、本文から推測できるような質問にはbonus。
【①内容・量：　点/3（bonus+　点）、②正確さ：　点/2　計　点/5】

Q _____
A _____

(2)「Question」for chatting or discussion（本文から興味を広げる問いかけ）
　……本文の内容に関連して、英語でディスカッションするテーマを提供。話が広まり、深まりそうなoriginalityのあるものにはbonus。
【①内容・量：　点/4（bonus+　点）、②正確さ：　点/3　計　点/7】

Q _____
A _____

　Writingの活動で大切なことの一つは、書きっぱなしにしないことだと思います。自分の書いたものを読んでくれて、反応してくれる人がいると動機づけにもなります。

　書いたものをもとに英語で話してほかの人とシェアすることで、異なる考えを聞き、英語を書いたり話したりするコツを学ぶ機会にもなります。

　たとえば、読んだ英文中の語句や表現をうまく使ってアウトプットにつなげる生徒が現れると、ほかの生徒にもだんだん広がっていきます。興味を広げる問いかけのレベルも個人的なことだけでなく、「社会的な話題」にも挑戦することを促すと、だんだん増えてきます。

　また、このQ&A作成をそのまま定期試験でも問うことで、普段の課題への動機づけになり、書きっぱなしにせず、試験までに正確さや質を高めることにつながります。

（新名主敏史）

STEP 14 数時間にまとめて任せる課題

＼ 授業外での学び合いを期待 ／

　生徒たちが学び合うことの意義をよく理解しはじめたら、「〇月〇日までに全員ここまで達成」という指示で数時間まとめて任せることもあります。生徒たちは、授業だけで達成が難しいと感じたら、放課後や昼休みなどの授業外にも自然と学び合いだします。

　また、自宅学習で何をどこまでやるかを自分たちで話し合って決めたり、自宅学習のやり方のアドバイスをし合ったりしている様子が見られます。自分たちで決めた自宅学習なので強制的な宿題より「アクティブ」な状態で行うと思います。自宅学習時間を確保し、自律学習者に近づくという意味で、高校生に対しては特にメリットがあるように思います。

＼ 検定・模擬試験や大学入試の演習をより実りあるものに ／

　大学入試問題などの演習を実りあるものにすることを妨げる主な原因が、「必要な知識（特に語彙力）が不足し、まともに英文を読んで演習に取り組めないこと」と、「やりっぱなしで復習しないこと」の二つだと思います。

　この二つの問題をどうにか解決し、演習を実りあるものにしたいと思って、次のような課題を考えました。クラスを二つのグループに分けて別々に問題を解き、自分が解いた問題について別のグループの生徒に個別に対策を行った後、もう一方の問題を解く、というものです。

> 課題：全体目標：はじめの演習と仕上げの演習を比べて、平均点が〇〇点以上上がる！

　自分がやった問題を教えることで「やりっぱなし」を防ぎ、「演習に取り組むのに必要な知識」を事前に伝え合うことができます。教えるときには、「よい結果を出すためには、どういう知識が必要で、どのように解いたらよいのか」を人に伝えられるほど意識します。

【具体的な流れの指示】（それぞれ１時間ずつ使いました）

①**はじめの演習**　出席番号奇数が問題A、偶数が問題Bを演習。
　⇨各自復習。解答解説、使用している教材でポイント確認。

②**個別対策プリント作成**　奇数、偶数がそれぞれteamとなり、それぞれ前日に解いた問題の対策を、これから解く人全員に対して個別に立てる。team内で分担して全員分の個別対策プリントを作る（具体的な説明はできるだけ、使用している文法書や単語帳などの教材を利用する）。
　※個別対策プリントには、演習問題の英文や答えはそのまま示さずに、ポイントとなる語句や解法、文法、構文、論理展開の追い方などを書くようにする。プリントの内容を、どこまで絞って、どこまで具体的に演習問題に近づけるかは、相手の英語力や目標得点、受験科目数、確保できる自宅学習時間などによって決める。

③**お互いに個別指導**　個別対策プリントを使いながらこれから解く人全員に対して個別に対策を伝授する。この時間中に理解してマスターすべきこと、翌日演習に臨むまでに自宅学習などで覚えるべきことなどを明示する。

④**仕上げの演習**　出席番号奇数が問題Bを、偶数が問題Aを演習。
　⇨各自復習。解答解説を参考に、使用している教材でポイントを確認。

（新名主敏史）

COLUMN 実践事例

クラス全体の変化

とあるクラスの変化

　とあるクラスの変化を紹介します。普段も一生懸命に課題解決に向けて取り組んでいる生徒たち。課題達成に向け熱心に取り組んでいます。
　ただ、クラスの問題点は課題解決に取り組んではいますが、グループ間・男女間の交流が生まれづらいことにありました。
　ある日の授業のことです。なかなか英文が書けない生徒たちに暗唱にチャレンジしてもらい、そこで身につけた型をもとに英作文につなげてほしいと考えていました。また、複数の客観的な目から評価してもらったほうが、各生徒のモチベーションにつながると考え、「全員が男女１名ずつにサインをもらう」ことを課題・評価基準に組み込みました。
　授業最初の語りの時間にも、今回の課題を男女全員で協力して達成してほしいということ、社会に出れば男女の協力は不可欠であるということを伝え、活動を開始しました。
　最初は小さなペアやグループで演習を重ねていました。しかし、徐々に暗唱ができた生徒が増えてくると、普段なかなか生まれなかったグループ同士の交流、男女の枠を超えた課題達成に向けての取り組みがクラス内のあらゆるところで起こっていきました。達成した生徒には喜びの笑顔が生まれ、そのあとは男女問わず、未達成の生徒のチェックに回って行きました。授業終了の10分前から行った小テストでも、クラスの全員が意欲的に取り組みました。

ひとりぼっちの生徒を救う

　アクティブ・ラーニングにおいて学力向上のためには、自分で作業を進

めたり、資料を見たりするだけでなく、他者との関わり合いが不可欠です。そんななか、とあるクラスにいつも一人で英文法やライティングの課題に取り組んでいる、とても引っ込み思案な男子生徒がいました。何度か周囲の生徒が手助けに行きましたが、授業のたびに一人の時間が長くなっていきました。

　ある日の授業で、このクラスでも先ほどのクラスと同様にSpeakingを交えた課題に取り組むことになりました。彼はいつもどおり、まずは一人で取り組みます。しかし課題達成のためにはほかの生徒からのサインをもらわなければなりません。そんな様子を見かねた女子の生徒がとうとう彼に声をかけてくれました。そのほかの生徒も彼の周囲に集まり、彼の取り組みの後押しをし、そして彼も課題を達成することができたのです。「ありがとう」と周囲に集まった生徒に声をかける彼の姿が印象的でした。

小さな感動が日々の授業で起こる

　生徒たちのお互いに学び合い助け合う姿は感動的なものです。一度や二度の実践ではなく、継続してアクティブ・ラーニングを行うことで、小さな感動が毎回の授業のなかで見受けられるようになります。これを読んでいる先生方も、一緒にその感動を味わいましょう。

（江村直人）

これからの教師の
職能とは何か？

ある日、学生さんに今後の学校の未来の姿を語りました。
　成績上位層の保護者（医者や弁護士等）が礼儀正しく、「成績中位の子どもに合わせた授業では、我が子の学力保証ができない。ついては、先生の授業は邪魔しないので、こちらで用意したタブレット端末で勉強させてほしい」と校長と担任に申し入れるのです。

　反転授業の行き着く先は、全転授業になります。私は学生に現状のネット上のコンテンツの実態を語り、近未来のコンテンツを語りました。

　そのとき、どう返答したらいいかを聞きました。みんな黙ってしまいました。ある学生が「でも、一人でも許したら、誰も私の授業を聞いてくれなくなる」と言ったので、私は「それは、あなたの都合だよね。学校教育は教師のためにあるのではなく、子どものためにあるんだよ」と言うと黙ってしまいました。学生さんは重苦しい雰囲気になりました。

　そこで、私は学生さんにこう言いました。

　「タブレット端末にできるようなことはタブレット端末に任せればいい。所詮、ツールじゃないか。今の授業だって鉛筆を多くの時間使っている。教師が鉛筆をつくって子どもに配付するなんてバカなことはしないよね。鉛筆が売っているなら、それを使えばいい。タブレット端末のほうが有効な部分は任せればいいんだよ。

　じゃあ、教師は何をすればいいか。それはタブレット端末、また、タブレット端末に写っている教師にはできないことをすればいい。それは人の道を語ること。具体的にはクラスはチームであることを語ること。そして、子どもたちのやる気に火をともすこと。君たちの多くは経験済みだよ。それは部活だ。今後の教師は部活の顧問のような立場になるべきなんだよ」

（西川純）

CHAPTER 5

困ったときには
どうすればいい?
アクティブ・ラーニングQ&A

Q1 なかなか全体が動かないのですが？

＼ 教師も生徒も慣れが必要 ／

　学校でのこれまでの授業風景は先生が黒板の前に立ち、生徒は静かに席に着いて集中することが求められてきました。生徒はそうした一斉授業のスタイルに慣れているため、いざアクティブ・ラーニングと言われてもなかなか動き出せない場合があります。

　そのようなときには、席の移動や立ち歩きは自由、課題達成のための話し合いは好きなだけしていいことを繰り返して語りましょう。そうすると誰かが動き出し、やがて全体が動き出します。

＼ 課題の内容を見直す ／

　語りを繰り返しても生徒の動きが活発にならない場合には、他者との協力がないと達成できないような課題を設定することも有効です。

　たとえば、「全員がp.○○の問題を**解くことができる**」という課題であれば、一人で黙々と取り組んでも達成できてしまうこともあります。しかし、「全員がp.○○の問題の**解き方を説明できる**」という課題であれば、説明する相手が必要になってきます。

　いろいろな人と関わる必然性を生み出すことも、教師側のアレンジで行ってください。

課題の難易度が原因であることも

　課題の難易度が問題で、全体が動かないというケースもあります。Readingの問題で、課題文や読解問題が簡単すぎたりすると、生徒にとっては自分だけで解決できてしまうことになります。周りと協力しなければ達成できないような、超難問を課題に一つか二つ組み込むことも、方法の一つです。

4技能のどれを重視するか

　課題によっては、生徒がそれぞれじっくり考える必要のあるものもあります。Readingや文法に関する課題に取り組む際には、じっくり読み込んだり、辞書や参考書などの資料を読み込んだりする時間も長くなります。比較的落ち着いた時間のなかで、深く学んでいる印象です。

　逆にSpeakingや例文暗唱のときなどは、生徒に活発に他者との関わりを促しましょう。じっとしていること、声に出して練習しないこと、ほかの生徒の様子を見て学ばないことは自分たちにとって損であることを語ってください。

全員が安全かつ安心して学習できる場づくりを

　できる生徒には全員達成のために自ら動き、できない生徒には恥ずかしがらずにほかの生徒に積極的に聞きに行くことができる環境づくりをすること。それがアクティブ・ラーニングにおける教師の役割になります。

　たとえば一部の生徒が活動に参加していなかったり、授業と関係のないことをしている生徒がいたりしても、全体の問題として捉えましょう。**個人の問題をあくまでも全体の問題と訴えることで、生徒の意識を集団へ向け、全体が動くように促してください。**

（江村直人）

Q2 活動中、ずっと一人きりの生徒が気になるのですが？

\ 誰にとっても居心地のよい場に /

　一人で取り組んでもOKです。アクティブ・ラーニングは、関わり合いを強制しているわけではありません。グループ学習を奨励しているように見えますが、本質的には違います。

　一人で集中して取り組みたい生徒もいれば、ペアで進めていく生徒もいます。また、日や課題の内容によっても、組み合わせは多種多様です。過程はさまざまあっても、最終的に全員ができるようになることを求めることが大切です。

　一人でじっくり考えたい生徒は、それを尊重してあげましょう。また、ほかの生徒にも「一人で取り組む時間は誰にでも必要だよね。そして、その長さは人それぞれだよね」と、語ることもできます。

\ アクティブ・ラーニングで問題が浮き彫りになることも /

　しかし、自分でじっくり考えているのではなく、明らかに孤立しているような場合もあります。

　誰とも関わることができない生徒は、学力的に大きな不安を抱えていたり、ひどい場合にはいじめなどの問題を抱えていることもあるかもしれません。その際には、教師による継続的な語りが必要です。

　一人ぼっちの誰かを放っておくことは、「見捨てている」ことになります。クラスの様子から見捨てていることを教師がわかるのであれば、

当然生徒たち自身にも自覚があります。「誰かを見捨てる人は、やがて『自分』が見捨てられるよ。そんなクラスにしたいかな？　僕はイヤだなぁ」とクラス全員に訴えかけます。

そうした教師による継続的な語りで、生徒たちには変化が表れてきます。その場にいる全員にとって、安心できる場をつくってあげましょう。

孤立している子に誰かが声をかけに行った場合、すかさずその行為を評価しましょう。「おー、困っている人を助けに行ってくれたな。一人も見捨てない行動が見られるのはうれしいなぁ」と、クラスの全員に聞こえるように、ちょっと大きめの声で全体にわざとらしく語りかけることがポイントです。その声を聞いて、まだ動いていないほかの生徒も動くよう、促しましょう。

＼ 一人では達成できない課題を設定する ／

課題を調整し、ほかの生徒との関わり合いがなければ達成できない課題を設定することも一つの手です。

たとえば、「全員が、p.○○の問題の解き方を説明することができる。説明して、3人にサインをもらうことができる」といった具合です。

3人という数は、ペアや仲よしグループを超えて関わり合わなければ達成しづらいものです。これまでに提示されてきた課題のなかにそういった言葉が含まれているのは、関わり合いを促すためでもあります。

そうした課題において、**一人になっている生徒を放っておいては、全員が目標を達成できないことになります**。結果として、見捨てていることになり、「一人も見捨てない」の意義を生徒に説くきっかけにもなります。

学び合いを促す仕掛けを設けることで、生徒の関わり合いを活性化させていきましょう。

（江村直人）

Q3 クラスの雰囲気が暗いのですが？

＼ 原因がどこにあるか見極めましょう ／

　高校生は中学生までとは違い、学校で学ぶ内容のレベルが上がるため、ある程度落ち着いた雰囲気になります。学年が上がるごとにその学びが深くなり、落ち着き度は増すと考えられます。特に受験を控えた高校3年生は、大学入試の演習などでは、一人で黙々と課題と向き合っている生徒も多くいます。教師の思いが生徒に伝わり切っていないこともクラスの雰囲気が暗い原因の一つと考えられます。授業を通して生徒に身につけてほしい力は、英語の力とともに社会で必要な力です。

　「一人も見捨てない」ことが、その場にいる生徒全員にとって大切なこと、教師が本当にそれを望んでいることや、生徒みんなの力を信じていることを、伝え直してみましょう。p.60〜61の「初めてやってみるときのポイント」に基づいて、仕切り直しをすることも可能です。

　その一方で、アクティブ・ラーニングを実践することにより、そのクラスや集団の実態が見えてきているのかもしれません。高校では、授業ごとに違った先生が教えます。**一斉授業では見えない生徒たちの関係性や問題点が、授業で浮かび上がってくることもあります。**

　そうした実態にも臆することなく、アクティブ・ラーニングを実践し続けましょう。全員が課題を達成することができずに終わることが続くでしょうが、その現実でよいのか生徒に問いかけます。そして、生徒たちの動きに進展があったら、それをすかさず認めてほめてあげましょう。生徒同士の関係性を解決できるのは、やはり生徒同士なのです。

ウォーミングアップ活動を取り入れる

　授業の冒頭での短い時間を使って、ペアやグループでのウォーミングアップ活動を取り入れることも有効です。その後の生徒同士の活動の活性化につながります。以下のような活動ができます。

- 1〜30まで交互にカウントアップ後、30〜0のカウントダウン
- 曜日をSundayから交互に言い、Saturdayからまた逆を言う
- 月をJanuaryから交互に言い、Decemberからまた逆を言う

　あくまでもその後の活動を活性化させることが目的ですので、数分で切り上げて、生徒の活動時間を長く確保してください。

ざわざわした雰囲気をつくる

　例文暗唱やSpeakingの課題では、周りの生徒があまりしゃべっていないとしゃべりづらいものです。そこで、教室内にざわざわした雰囲気をつくるために、明るい音楽を流しておくことも効果的です。

　私の場合にはSpeaking活動をする際、1〜2分程度の音声の入っていない音楽を、パソコンのiTunesのプレイリストにためておいて、バックグラウンドミュージックとして流しっぱなしにしています。課題に取り組む際、「1曲で約1分」などと生徒に伝え、時間の目安に使うことも可能です。

　私は『チャンツで楽習！ 決定版 NHK CDブック基礎英語』（高橋一幸／田尻悟郎、NHK出版）のCDのカラオケバージョンを使用しています。明るい曲調のものが多く、オススメです。ヒット曲や音声の入っているものは、生徒が聞き入ってしまって活動の妨げになってしまうので、控えたほうが無難です。

（江村直人）

Q4 男女など、関わりが固定されるのですが？

＼ メリットを感じて関わりが広がることを期待しましょう ／

　学び合いに慣れないうちは、普段の人間関係がそのまま授業での関わりに反映されやすいと思います。学びにおいて、信頼関係があり余計なプレッシャーがかからないことはメリットではあります。無理に動かそうとはせず、次のように語ってはいかがでしょうか？

> 「初めは安心できる相手とでも構わないです。が、だんだんいろいろな人とやりとりしてみてください。普段の人間関係が英語を学び合うのに最適な組み合わせとは限らないから。学び合う内容によっても最適な組み合わせは変わるだろうし、時と場合によっても変わるはず」

　授業での学び合いを通してクラスの人間関係も多様化し良好になることを期待して、長い目で思いを伝えながら待ちます。日に日によくなっていく様子を見るのは本当にうれしいものです。

＼ 課題のレベルを点検しましょう ／

　固定された関わりで常に全員達成できるなら、ひょっとすると課題がやさしすぎるのかもしれません。関わり合い方も工夫しなければ達成できないようなレベルの課題設定になっているか点検してみてはいかがでしょうか？　全員達成を求めることで必然的に関わりが多様化していく

ようにするためには、課題は「やや難しいかな」と感じるくらいがよいと思います。

\ 「多様な人と折り合いをつける」大切さを伝えましょう /

どうしても固定化が解消しないようなときには、きっかけを与えるために以下のように率直に疑問を投げかけてもよいかもしれません。

> 「え!?　イマドキ男女共同参画せず？　そうやって可能性を半分にするっていうもったいなさは社会でも完全にはなくなってはいないけど……社会の将来を担う10代の若者たちがそれでいいの？」

外国語を学ぶ意義の一つは、「異なる他者・文化・言語体系に触れ、お互いに学び合う」ことだと思います。男女間に限らず、異なる他者との関わりこそが大切だと説きます。「仲よく」とは求めません。**苦手な人や価値観の異なる人とも「折り合いをつける」ことが大切だと伝えます。**

アンケートに「そんな人間関係はかたちだけで意味がない」と書いている生徒がいました。クラス全員に紹介し、「職場ではそういう関係で協働できることも大切」と伝えました。「仕事って、こういうことが必要な場面もあるのです」と。

（新名主敏史）

Q5: 授業中の声のかけ方がわからないのですが？

\『学び合い』タイマーのムービーを参考にする手もあります /

　「福岡『学び合い』の会」の方がつくったものを参考にして作成したタイマーのムービーを紹介します。声かけの参考になると思います。

【つくり方】

① 「パワーポイント」などのプレゼンソフト（や動画作成ソフト）で、下のようなスライドを作ります（1分刻みで、降順に作成）。

② 各スライドに、残り時間の数字とそれぞれの時間帯に応じたメッセージを入力します（数分間は同じメッセージでも大丈夫です）。

③ 「エクスポート」→「ビデオの作成」を実行するとムービーファイルができます（「各スライドの所要時間」を1分にする）。

【スライド内のメッセージの例】
- 目標は「全員達成」。目的は「人格形成」と「集団形成」。
- いろんな人と学び合うほど、いろんな学びがあります。
- 目標達成に向けて、最大限の効率と効果を追求しましょう。
- 教室が職場だと思って、目標達成に向けて協力しましょう。
- 「わからない」って言い出せることはスバラシイ！
  「どこがわからない」か言えれば、既にわかりかけている。
- 人に教えると理解が深まり、応用力UP！

【使い方】

　作成したムービーを、学び合う時間帯にプロジェクターやテレビ画面に流します。

　生徒も初めのうちはたまにタイマーの中の言葉を見ています。しかし、たいてい学び合うことに集中していますし、しばらくして内容が浸透してきたらほぼ見なくなります。それでOKです。

　どちらかというと、学び合いで大切なことを教師の側が自分でも常に確認するためのものなのです。ときには書いてあるメッセージをそのまま読み上げてもよいですし、書かれていることと状況を照らし合わせて感じたことをつぶやくのもよいと思います。

　つぶやくときは、特定の生徒ではなく、全体に投げかける感じです。

　プロジェクターや画面がない場合には、掲示物でも同様のことはできます。私は"Everyone in this room is a member of a team! Make the team better every day!!"と書いた紙を教室に掲示しています。

　また、心のつぶやきを黒板にさらっと書くと、めったに板書しない授業なのでよく見てくれます。テレビ番組の収録などで使われる「カンペ」のようにその場で書いてウロウロするのも、生徒の学び合いのじゃまにならなくてよいかもしれません。

（新名主敏史）

Q6 英語の発音は教師が指導するべきではないですか？

⬇

\ 「教師の仕事は、目標の設定、評価、環境の整備」が基本 /

　外国語の習得には指導者が適切に教え込む場面が必要なのではないか、という心配は大きいと思います。私自身、特に発音指導が気になっていました。

　しかし、**「教師の仕事は、目標の設定、評価、環境の整備」であると考えるようになると、「発音について生徒たちに明確な目標を示していただろうか？」、「高校に入ってから発音の評価をどれだけしてきただろうか？」**と自問しはじめることになりました。

　教師が生徒数十名の一人ひとりの発音をチェックし、できていなければ改めて見本を示し、その生徒に合ったコツをアドバイスし、一つの発音を全員ができるようになるまでとことん付き合う……。このような指導がどれだけの高校の教室で可能でしょうか？

　それよりは、生徒同士がお互いに発音をチェックし、見本を示し合い、自分ができるようになったコツを共有し合える状態をつくっていくことのほうが現実的な気がします。相手に発音の仕方を教え、ポイントをチェックできるようになると、自分の発音もさらによくなると思います。

　また、発音についても環境を整えることはできます。CD、DVD、電子辞書、ネット上の情報で発音の見本を探すなど、生徒が一人でトレーニングするときにも活用できそうなものを授業中にも使える状態にするとよいと思います。

\ 「グルグルメソッド」で最終的な評価を教師が行う /

　「グルグルメソッド」とは、靜哲人先生が『英語授業の心・技・体』などの著書で紹介していらっしゃるものです。生徒全員が並んでつくった輪の中に教師が入り、生徒一人につき数秒で発音をチェックして合否を判定し、できない学生には短くアドバイスを与えて再挑戦させるというものです。

　発音に焦点を当てて授業目標を立てる場合には、「この時間の最後に、5分以内で"グルグル"でのチェックを全員クリア！」という課題が考えられます。

　もともと「グルグルメソッド」では、生徒同士で練習する姿がよく見られますが、クリアした生徒も含めてさらに全員で教え合うようになります。個人の合格だけでなく「全員クリア」が目標なので、できない生徒が積極的に教えてもらいやすいようです。

\ 学び合いが可能になる環境がさらに整ってきている /

　ICTが普及し、音声のお手本やコツを映像つきで見ることができるだけなく、音声認識機能などで発音チェックをすることもできるようになってきました。スマートフォンやタブレット端末があれば、生徒自身が手軽に自分の発音を確かめることもできるのです。電子辞書にも同様の機能があるものもあります。

　タブレット数台を準備し、「○○ページの英文を、音声認識機能で全員が正確に認識される発音ができるようになる」という課題を設定することもできます。授業外での個人練習でも簡単に発音チェックができるようになるメリットは大きいと思います。

（新名主敏史）

Q7 テストの点数が上がらないのですが？

＼ 結果を出すことを生徒に語り続けましょう ／

　テストの点数が上がらない、もしくは下がる原因は、「アクティブ・ラーニングをやっていないのに『やった』と思い込んでいる」ケースであると考えられます。

　授業中の生徒の様子は活動的になり、これまで見られなかった頑張りを見ることもできます。「生徒たちは素晴らしい」と感動する場面も多くあります。そして、いつしか「生徒が頑張っているのだから十分だ」という気持ちも生まれてくる場合があります。

　しかし、そのような状態に教師が満足すると、生徒たちもある程度楽しく学べているからいいや、とレベルの低い満足に陥ってしまいます。そうした中途半端な満足はなれ合いにつながり、結果に結びつかないという悪循環を生み出します。最悪の場合、「アクティブ・ラーニングをやっているから結果が出ない」という批判につながります。

　そうならないためにも、**テストの点数を上げて結果を出すことを常に生徒に語ってください**。「テストの点数を上げなさい」とハッキリと生徒に言うことです。

　また、日頃の授業中から定期試験、模擬試験での目標点を生徒に明示してください。「全員が80点以上！」など、ちょっと高すぎるぐらいの目標設定がちょうどいいです。全員が高みを目指して切磋琢磨する。そんなクラス集団をアクティブ・ラーニングで育てていきましょう。

課題、授業内の活動とテストを一致させましょう

　テストの成績が上がらない原因の一つとして、課題とそれに基づく授業中の生徒の活動と、テストで測っている内容が一致していないことが考えられます。

　たとえば、授業でReadingの活動を多く取り入れて、大意把握や内容理解に時間を割いているのに、テストでは単語のスペルばかりを書かせているなどした場合、テストの点数は上がりません。授業での生徒の取り組みとテストの配点は、対応しなければなりません。

分布表を生徒に見せましょう

　定期試験後には分布表を生徒に見せることが効果的です。どの層に何人いるか、目で見てわかります。

　成績下位に多くの人数が集まっているような場合には、できる生徒ができない生徒を見捨てている可能性があります。できない生徒もできない現状のまま、自分を見捨ててテストを迎えたことにもなります。

英語表現　後期中間試験得点分布表				
				担当：江村
	4組B	5組A	6組A	合　計
100	0	0	0	0
90〜99	0	1	2	3
80〜89	0	3	2	5
70〜79	0	7	6	13
60〜69	1	3	4	8
50〜59	3	3	2	8
40〜49	11	0	0	11
30〜39	6	0	0	6
20〜29	0	0	0	0
10〜19	0	0	0	0
0〜9	0	0	0	0
人数合計	21	17	16	54
平均	42.9	72.5	71.7	60.7

　現状を捉え、改善策と次のテストで結果を残すためのクラスの行動目標を、生徒とともに考えていきましょう。そして、次回に向けての期待を先生ご自身の言葉で伝えてください。

（江村直人）

Q8 個別指導・補習で気をつけることはありますか？

＼ まずは授業を大切に ／

　授業外の時間ありきではなく、まずは授業時間内に生徒自身が力を養っていくことに重点を置きましょう。個別指導や補習が必ずある前提では、教師も生徒もそれに頼ってしまう気持ちが生まれてしまいます。

　アクティブ・ラーニングを通して生徒に身につけてほしい力は、あくまでも「社会で生き抜くために必要な力」になります。教科外の時間で、クラス全員が揃わない場所では、その力を養うことが難しくなってしまいます。

　また、授業数ギリギリでテスト範囲を終わらせようとして、最後の授業で何とか終わらせた経験はありませんか。普段からアクティブ・ラーニングを行うことによって授業の進度が速くなります。それによって、授業の時間数に余裕が生まれます。

　余った授業の時間で、復習問題や演習問題に取り組むことができるようになっていきます。授業中に生徒全員の力を引き上げること、そしてそうした集団をつくっていくことを意識して、日々の実践に取り組んでいきましょう。

　もしかしたら「あの先生はアクティブ・ラーニングを実践している」ということが定着しているおかげかもしれませんが、それ以前とくらべると生徒が質問に来る回数が減ったように感じています。生徒同士で考えることが通例になったことが、いい意味で影響している様子です。

「どうしても」の場合には個別指導

　授業初期段階ではあまりフォローせず、上位者が授業中に下位者を手助けするよう仕向けていきます。授業の進行とともに、それぞれの生徒にとって授業中でのよりよい先生を、生徒自身が見つけることができるようになります。

　そのために、授業での語り、授業中の見取りはしっかりと行っていきます。しかし発達障がいや、留年や卒業不認定などが危惧される生徒がいる場合には、普段の授業の教材や提出課題を利用し、例外的に個別指導を行う場合もあります。

　アクティブ・ラーニングを実践しているから絶対に個別指導をしてはいけないということではありません。**目の前にいる生徒に対して、柔軟に対応を行ってください。**

補習をする場合

　なるべく多くの時間を生徒とともに過ごしたいというのは、教師の性分です。ですが、補習や個別指導で教師がつきっきりになってしまうと、せっかく普段の授業をアクティブ・ラーニングで実施している効果が薄れてしまいます。

　そこで、私は補習を行う場合にも、「勉強会」と称して可能な限りアクティブ・ラーニングで実践しています。教科書準拠のテストメーカーでつくった演習問題や、問題集の抜粋の問題を渡して"Let's start!"と声をかけます。生徒はそれぞれ学び合っています。

　定期試験前にはそのような場を設け、生徒みんなで集まって一緒に勉強します。この方法によって、それぞれの弱点を補う学びの場、つまり本当の意味での「補習」になります。

（江村直人）

Q9 どうしても「教えてほしい」と言う生徒への対応は？

教師もガマンが必要

　教師にとって、生徒を助けてあげたいと思う気持ちは当然です。しかし、**まずそこはぐっと我慢してください。**アクティブ・ラーニングに慣れていない生徒は、教師に助けを求めがちです。「わからない」という声が聞こえて、先生がすぐさま教えに行ってしまっては、自分たちで課題を達成しようとする集団に育ちません。

　授業中に「先生、わからないから教えてください」という声に応えて、つきっきりで指導することも控えてください。つきっきりの指導によって、その生徒が教師ばかりを頼ってしまうことにつながります。

　その結果、ほかの生徒との関わり合いを避けてもよいという意識が芽生えてしまいます。またほかの生徒にとっても、「あの子は先生が教えるからいいや」という雰囲気をつくり出してしまいます。

ほかの生徒とつなごう

　授業中に「わからない」という声が聞こえたら、その声を拾って「わからないと言えることは大切だなぁ」と大きめの声で呟きましょう。その発言をした生徒も安心することができ、ほかのわからない生徒も周りに聞きやすくなります。

　教師に直接聞きに来た生徒がいるときには、「○○がわからない人がいるぞ」と大きな声で、クラスのほかの生徒に伝えるようにしましょう。

そのうちに、わからない生徒を助けに行く様子や、「一緒にやろう」と言うほかの生徒の声が聞こえてきます。

　そのような動きが生徒に見えてきたら、すかさずその行動をほめてあげてください。「ありがとう」と感謝の気持ちを伝えてください。このようにして、教師に聞いてばかりの生徒をほかの生徒とつなぐことができます。

　社会に出て仕事をするときには、わからないことや自分だけの力ではどうにもできない困難な状況に直面することが出てきます。「わからない」と自然に言うことができ、いろいろな人の力を借りて、クラス内で多種多様な生徒同士がつながることができる環境を整えていきましょう。

生徒の声に耳を傾けよう

　『学び合い』をベースにしたアクティブ・ラーニングの裏ワザは「生徒に聞く」です。執拗に教師に助けを求めるのであれば、生徒の話をしっかり聞いてあげましょう。

　なぜ教えてほしいのか、アクティブ・ラーニングをすることによって、本人が困っていることは何なのか、受け止めてあげることが大切です。

　そしてなぜアクティブ・ラーニングを行うのか、身につけていってほしい力は何なのかを改めて伝えます。アクティブ・ラーニングによって生徒に身につけてほしい力は、単に英語の力だけでなく、社会に出て必要となる力でもあります。そのことを明確に生徒に伝えましょう。

　そのほかにも、授業内の語りを通して教師の話がよく伝わる全体の2割の生徒に伝え、その生徒に巻き込んでもらうように促すのも手です。アクティブ・ラーニングをやったあとのテストの結果が、周りのクラスに比べてよいものが出ている場合には、それも提示して、その後のアクティブ・ラーニングにつなげる根拠にします。

（江村直人）

Q10 「先生は教えないのですか」と言う保護者への対応は？

\ 生徒に身につけてほしい力を伝えましょう /

　実際にあった話です。生徒の保護者から電話がありました。その方のおっしゃることは、以下のような内容でした。

　「先生は授業中教えないそうですね。ウチの子は、中学のときは先生が丁寧に教えてくれて、板書もちゃんとして、いろいろプリントもくれました。高校受験に向けて行っていた塾では、あれこれ指導してもらって、この宿題をやりなさい、あれをやりなさい、を全部指示されてきました。だから先生の授業では不安です」

　私はその方に、二つ質問をしました。「お子さんにどういう人間になっていってほしいですか？」と、ご自身もお仕事をされている保護者の方だったので「どういう人と一緒に働きたいですか？」の二つです。

　一つ目の質問に対する答えは「自分でいろんなことに挑戦していってほしい」とのことでした。二つ目の質問に対しては「チームワークを大切にしつつ、自分から動ける人」でした。

　私は一言、「今まさにお母さんがおっしゃった力が社会で求められる力です。就職してから身につけたのでは遅いのです。そして、それらの力がない生徒は今後の社会では就職できず、生き抜いていけません。私は学校という場で、**授業を通して、英語力を向上させつつその力を身につけていってほしいと思っています**」と伝えました。ご納得いただけた様子でした。

＼ 積極的に参観に来ていただきましょう ／

　アクティブ・ラーニングによる授業は、保護者の方々が受けてきた授業とも異なるため、「先生が教えない。生徒同士で学び合う」ということがイメージしにくいのではないかとも考えられます。

　そこで、授業参観の際には積極的に来校していただき、生徒の様子を見ていただきましょう。自由に立ち歩き、ともに考え、クラス全体で課題を達成しようとしている生徒たちの活発な様子を実際に目にすることで、アクティブ・ラーニングに対しての保護者の方々の理解も深まるでしょう。

　そして授業の最後の語りの時間に、生徒の様子を見ていた保護者の方から生徒に向けてコメントをいただくのも手です。一生懸命取り組んでいる生徒を見て、批判的なコメントができる保護者はいないはずです。ある日の授業参観で、私もGrammarの授業で「積極的に活動に取りくんでいるみなさんの様子を見て、感動しました」というお言葉を頂戴することができました。また、保護者の方に温かいコメントをしていただくことで、生徒たちの次の活動へのモチベーションにもつながります。

＼「授業通信」を出しましょう ／

　現在は両親ともに忙しくお仕事をされており、学校に足を運べない場合も多くあると思います。そうした保護者の方の理解を得るためにも、「授業通信」を学期に数回発行することをおすすめします。

　授業中の生徒の活動中の写真や、実際に生徒がつくり上げたワークシートや家庭での勉強の仕方、次の定期試験・模擬試験での目標点、先に述べた分布表などを記載すると効果的です。

（江村直人）

Q11：授業評価アンケートが心配なのですが？

\ 心配で当然です /

　教師にとって、生徒からの生の声になりますので、授業評価アンケートの結果は気になるところです。評価があまりにも低いと、管理職の先生から質問がある場合もあるようです。

　お恥ずかしいことですが、アクティブ・ラーニングを実践することで私の評価は正直なところ下がったことがあります。「以前に比べると、多少下がるかもしれないなぁ」と心積もりはしていたものの、実際に少し下がった評価を見て、若干胸が痛んだことも事実です。

\ やがて時代が追いついてくる！割り切りましょう！ /

　しかしながら、現行の授業評価アンケートの多くは一斉授業に合わせた評価になっています。アクティブ・ラーニングを展開することで、一斉授業の評価が下がるのは、ある意味では当然です。

　特に私の評価項目で下がったのは、「板書」と「説明」に関する項目です。ここまで読んでくださった方ならおわかりになるかと思いますが、教師による「板書」や「説明」は基本的にほとんど行わなくなるので、下がっても仕方ありません。

　その分、生徒たちが自ら課題解決に向かって取り組むことによって、授業中の「学習効果」は上昇してくるはずです。定期試験や模擬試験の結果でもアクティブ・ラーニングの効果は出ています。だから私は最近

では開きなおって、授業評価アンケートの結果をあまり気にしないようにしています。

また、アンケート業者の方に直接伺った話によると、「アクティブ・ラーニングの普及によって、授業評価アンケート内容を精査しなければならない」ということが議論されているようです。

いずれ授業評価アンケートが、私たちの実践に合うものになってくるのではないでしょうか。そうなれば、アクティブ・ラーニングの実践者は、ほかの先生方から一歩リードできます。**臆することなく、アクティブ・ラーニングを実践し続けましょう。**

思い切って生徒に聞いてみる

それでも気になる場合には、「どうすれば授業評価アンケートの結果が上がるのか」を生徒に聞いてしまうのも手です。

私の場合、アンケートの結果を受けて浮かび上がった課題は「板書」でした。そこで、「どうしたら板書の項目の評価を上げてもらえるかな？」と生徒に聞いてみました。

そうすると、生徒からは「板書していないのだから、下がって当然です」、「そのまましなくてもいいですよ」、「一斉授業で書く板書を一応しておいたらどうですか」などの意見を聞くことができました。

それ以来、黒板の左側には、一斉授業で行うであろう一通りの板書をし、右側はその授業の課題を書き、ネームカードを貼り付けておくようになりました。

思い切って生徒に聞くことで、ともに成長し、よりよい授業をつくっていきたいんだという教師側の姿勢を見せることにもつながります。より一層、生徒との信頼関係を築くチャンスにもなります。

（江村直人）

Q12 同僚に理解してもらうには？

＼ 公開授業を行いましょう ／

　学校内で公開授業（週間）を実施してはどうでしょうか。勤務校では公開授業週間を4月と10月の年2回、それぞれ2週間設けています。教員間で普段の授業をお互いに観覧し合うという取り組みを、学年・教科を超えて実施しています。

　一斉授業スタイルの先生方の授業も観覧することで、自身の授業実践の改善のヒントになる場合も多くあります。客観的な視点で自身の授業を見てもらうことで、課題設定や見取り、生徒への声かけ、そして生徒に与える学習効果に磨きをかけていきましょう。

　アクティブ・ラーニング型の授業と一斉指導型の授業それぞれにおいて、生徒の様子を比較して見ることも可能になります。それにより、アクティブ・ラーニングの利点をさらに実感できるとも考えられます。

＼ 振り返りを行いましょう ／

　公開授業後に振り返りや研修会を実施して、よかった点・改善点をざっくばらんに話し合いましょう。

　授業形態や、先生それぞれの想いはいろいろあっても、普段の授業実践と公開授業はあくまでも日々向き合っている生徒のため、学力向上のため、そしてその後の人生の幸せのためにあるはずです。

　振り返りの際、批判や罵り合いは禁止というルールを共通認識にし、

活発な意見交換の場にしましょう。教員間でも「一人も見捨てない」という観点を持つことが大切です。

＼ まずは小さな集団から ／

　学校全体を巻き込んでの公開授業が難しいこともあります。その場合には、**仲のよい先生、アクティブ・ラーニングを理解してくれそうな先生から、まずはネットワークを広げていきましょう。**
　身近な仲間にお願いをし、普段の授業を見に来てもらい、先生の語りと課題、授業中の生徒の活動の様子を観察してもらうことからはじめることができます。ご自身を含めて、3人の同志が集まれば強力です。

＼ それでも理解が得られなければ ／

　私の周りにも「アクティブ・ラーニングでは生徒の成績が上がらない」とか、「生徒に任せきることは理解しがたい」といった声が聞かれます。もし周囲の同意を得ることができないような場合には、定期試験や模擬試験で結果を出し、それを提示することで理解を促しましょう。
　教師になる方たちには、中高時代にまっすぐ椅子に座って、先生の話にしっかり耳を傾ける能力に長けていた方が多いのかもしれません。
　アクティブ・ラーニングによる授業は、私を含めいま教壇に立っている教師が受けてきた従来の授業とは大きく異なります。そのため、理解が広がっていくことが難しいのも事実です。
　「授業は講義型でなければならない」という固定観念に囚われず、思い切って生徒に任せてみましょう。継続して実践し、結果を出せば、やがて周囲に理解者が増えていくことでしょう。

（江村直人）

ビジネスの現場で本当に必要になる英語力

ビジネス英語に必要な3要素とは？

　実際に英語を日常的に使って仕事をしている、主に40代の日本人ビジネスマン10名ほどに、（1）学校の英語は役に立たないと思うか？ （2）高校の段階で身につけておいてほしい、社会に出たときに役に立つ英語力とはどういうものか？　と聞いてみました。

　彼らの回答を踏まえて「ビジネス現場で必要な英語力」を私なりに整理すると、「文法と語彙」「発声のシステム」「ロジック」の3要素が挙げられます。このうち文法と語彙については大学入試に受かる英語とも矛盾するものではありません。

　現代のビジネス実務の大半は情報を扱う知的労働なので、報告や提案をするために「事実関係が正確に伝わり、話の筋道がわかるように書ける／話せること」が重要です。このためには文法と語彙を知っている必要があり、その基本は学校英語でカバーされているので、ぜひその大切さを生徒にきちんと伝えてください。

　しかし、ほかの2要素については少々問題がありそうです。

発音は「発声のシステム」から

　「発声のシステム」というのは、「声を出すための、口腔・唇・舌・歯・息の使い方」の体系のことで、発音はその結果です。英語と日本語では発声のシステムが違う、ということを知ってきちんとその練習をすれば英語の発音は驚くほど短時間で上達しますし、ヒアリングにも効果があります。

　しかも実は先生が発音を教える必要はありません。現在は英語の発声シ

ステムについてのよい解説本やオンラインビデオ教材、発音テストアプリなどが無料でいくらでも利用できるからです。生徒のなかにも発音の上手な帰国子女が一人や二人いるのは珍しくありません。

　ただし「発音を練習しよう」という文化を生徒たちの間につくること、これだけは先生がいなければできません。つまり大事なのは『学び合い』の考え方そのものなんですね。それができれば発音は生徒同士の相互練習に任せた方がよっぽど効率よく成果が出ます。

「ロジック」を磨くのは英語以前の問題

　3番目の「ロジック」は本来は英語よりも国語教育の領域ですが、現実にはこれでビジネス英語に行き詰まる例が非常に多いのです。

　簡単に言うと、「伝えるべきことをきちんと理解して、結論から書き／話し、複数の論点があるなら結論の直後に列挙し、長い話や大量の情報は抽象化や要約をする」といった話の組立て方を身につけることです。それがビジネス・コミュニケーションの必須スキルです。

　ロジックがだめでも母国語を使っている分には何とかゴマカシが効きますが、語彙も文法も怪しい外国語でロジックまで弱かったら絶対に伝わりません。英語圏の高等教育では必ず「パラグラフ・ライティング」という、論理的な文章の書き方を学びますが、日本の国語教育はこの面が非常に弱く、英語学習にも悪影響を与えています。

　実際に英語をビジネス活用しようとするとこれは避けて通れませんので、パラグラフ・ライティングの基礎を踏まえた長文の英作文を『学び合い』方式で実践することをおすすめします。

（開米瑞浩）

評価はどうすれば いいのか

　アクティブ・ラーニングにおける評価はどのようにしたらいいのでしょうか？　という質問を比較的よく受けます。私の答えは「今のままで結構です」というものです。質問者は拍子抜けします。しかし、逆に「アクティブ・ラーニング特有の評価をしなければなりません」と私が言ったらどう思われますか？　おそらく「そんな大変なことは続けられない」と思うと思います。そうです。無理なことはしてはいけません。

　さらに言えば、アクティブ・ラーニング特有の評価、たとえば、「どれだけ周りの人と関わったか？」を評価すれば、おそらく子どもたち（特にクラスをリードする子ども）は関わった「ふり」をするはずです。それは非生産的です。

　その代わりに今までどおりのテストの点数で「クラス」を評価してください。もし、クラスが協働的であるならばテストの「分布」の分散は小さくなります。クラスが主体的であるならばテストの平均点は高くなります。アクティブ・ラーニングでは「分布」に着目してください。

　テストの点数を上げるのは比較的簡単です。成績の中、もしくは中の下に合わせたドリル学習をテスト前に繰り返せば上がります。しかし、その場合は成績下位層の子どもは置き去りになります。そして、成績の分布はフタコブラクダになります。

　だから、点数分布を見ればそのクラスを評価することができます。それによって、一人ひとりの子どもの評価もできるのです。

　　　　　　　　　　　　　　　　　　　　　　　　（西川純）

読書ガイド

　『学び合い』によるアクティブ・ラーニングを本書では紹介しました。それについて理解を助ける本としては、**『すぐわかる！　できる！　アクティブ・ラーニング』（学陽書房）**、**『アクティブ・ラーニング入門』（明治図書）**、**『高校教師のためのアクティブ・ラーニング』（東洋館出版社）**があります。

　また、今後、生徒たちが生きなければならない社会の状況に関しては、**『2020年激変する大学受験！』（学陽書房）**、**『サバイバル　アクティブ・ラーニング入門』（明治図書）**をご覧ください。そして**『アクティブ・ラーニングによるキャリア教育入門』（東洋館出版社）**で対策してください。

　本書では『学び合い』自体の説明はP32に簡単に示しましたが、詳細は紙面の関係で割愛しました。『学び合い』の詳細を学ぶための書籍も用意されています。まず、『学び合い』の素晴らしさを学びたいならば**『クラスが元気になる！『学び合い』スタートブック』（学陽書房）**がおすすめです。『学び合い』のノウハウを全体的に理解したならば、**『クラスがうまくいく！『学び合い』ステップアップ』（学陽書房）**と、**『クラスと学校が幸せになる『学び合い』入門』（明治図書）**をご覧ください。さらに合同『学び合い』を知りたいならば**『学校が元気になる！『学び合い』ジャンプアップ』（学陽書房）**をご覧ください。

　生徒にそんなに任せたら遊ぶ子が出てくるのではないかと心配される方もおられると思います。当然です。たしかに初期にそのような生徒も出てきます。しかし、どのような言葉かけをすれば真面目になるかのノウハウも整理されています。そのような方は**『気になる子への言葉がけ入門』（明治図書）**、**『『学び合い』を成功させる教師の言葉かけ』（東洋館出版社）**をお読みください。手品のタネを明かせば当たり前のような考え方によって『学び合い』は構成されていることがわかっていただけると思います。『学び合い』では数十人、数百人の子どもを見取ることができ

ます。そのノウハウは『子どもたちのことが奥の奥までわかる見取り入門』(明治図書)をご覧ください。しかし、授業のレベルを高めるには課題づくりのテクニックが必要となります。それは『子どもが夢中になる課題づくり入門』、『簡単で確実に伸びる学力向上テクニック入門』(いずれも明治図書)に書きました。

　『学び合い』のノウハウはさまざまな場面でも有効です。

　特別支援教育で『学び合い』をするためには『『学び合い』で「気になる子」のいるクラスがうまくいく！』(学陽書房)、『気になる子の指導に悩むあなたへ　学び合う特別支援教育』、言語活動を活性化させるために『理科だからできる本当の「言語活動」』という本を用意しました(いずれも東洋館出版社)。また、ICTの『学び合い』に関しては『子どもによる子どものためのICT活用入門』(明治図書)を用意しました。

　また、信州大学の三崎隆先生の『『学び合い』入門　これで、分からない子が誰もいなくなる！』(大学教育出版)、『『学び合い』カンタン課題づくり！』(学陽書房)、『これだけは知っておきたい『学び合い』の基礎・基本』(学事出版)が出版されています。また、水落芳明先生、阿部隆幸先生の『成功する『学び合い』はここが違う！』、『だから、この『学び合い』は成功する！』(いずれも学事出版)があります。また、青木幹昌先生の『成功する！『学び合い』授業の作り方』(明治図書)があります。

　日本全国には『学び合い』の実践者がいます。そして、その人たちの会が開催されています。機会を設けて、生の実践を参観し、会に参加されることをおすすめします。

(西川純)

編著者紹介

シリーズ編集

西川 純（にしかわ　じゅん）

1959年、東京生まれ。筑波大学教育研究科修了（教育学修士）。都立高校教諭を経て、上越教育大学にて研究の道に進み、2002年より上越教育大学教職大学院教授、博士（学校教育学）。臨床教科教育学会会長。全国に『学び合い』を広めるため、講演、執筆活動に活躍中。主な著書に『すぐわかる！ できる！ アクティブ・ラーニング』、『2020年　激変する大学受験！』（いずれも学陽書房）、『高校教師のためのアクティブ・ラーニング』（東洋館出版社）、『アクティブ・ラーニング入門』（明治図書）ほか多数。（メールのアドレスは jun@iamjun.com です。真面目な方からの真面目なメールに対しては、誠意を込めて返答いたします。スカイプでつながることもOKです）

著者（50音順）

江村 直人（えむら　なおと）

1983年、神奈川県生まれ。日本大学大学院文学研究科英文学専攻博士前期課程修了。在学中、トロント大学に留学。修了後、横浜翠陵中学・高等学校に勤務、現在に至る。生徒が主体的に英語を身につけることができる授業、「一人も見捨てない」教育を目指し、日々奮闘中。

新名主 敏史（しんみょうず　としふみ）

1976年、鹿児島県生まれ。広島大学総合科学部卒業。同志社大学大学院博士前期課程修了（社会学修士）。20代に関西の予備校で構文・文法中心の「受験英語」指導を経験後、母校である鹿児島修学館中学校・高等学校で教職に就き、現在に至る。

●コラム協力
　下入佐宏美　鹿児島修学館中学校・高等学校教諭
　開米瑞浩　テクニカル・ライティング・コンサルタント

すぐ実践できる！
アクティブ・ラーニング　高校英語

2017年3月8日　初版発行

シリーズ編集	西川　純（にしかわ　じゅん）
著　者	江村直人・新名主敏史（えむらなおと・しんみょうずとしふみ）
発行者	佐久間重嘉
発行所	学　陽　書　房
	〒102-0072　東京都千代田区飯田橋1-9-3
営業部	TEL 03-3261-1111／FAX 03-5211-3300
編集部	TEL 03-3261-1112
	振替口座　00170-4-84240
	http://www.gakuyo.co.jp/

ブックデザイン／スタジオダンク　イラスト／大橋明子
DTP制作／越海辰夫　P5～8デザイン／岸博久（メルシング）
印刷・製本／三省堂印刷

ⓒ Jun Nishikawa 2017, Printed in Japan　ISBN 978-4-313-65311-5 C0037
乱丁・落丁本は、送料小社負担にてお取り替えいたします。
JCOPY〈出版社著作権管理機構　委託出版物〉
本書の無断複製は著作権法上での例外を除き禁じられています。複製される場合は、そのつど事前に出版社著作権管理機構（電話 03-3513-6969、FAX03-3513-6979、e-mail: info@jcopy.or.jp）の許諾を得てください。

好評の既刊!

すぐわかる! できる! アクティブ・ラーニング
新しい授業の方法がこの1冊でわかる!

西川 純　JUN NISHIKAWA

すべての教師必読の書!

授業が変わる、入試が変わる!
アクティブ・ラーニングの授業の基本を紹介。

学陽書房

A5判・96ページ　定価=本体1,300円+税

- ●大きな教育改革が始まっている!
- ●授業が変わる!　入試が変わる!　教師の役割が変わる!
- ●文部科学省の公文書から読み取れる今後の改革の動きと、これからの教師に求められるアクティブ・ラーニングの授業の基本を紹介!　すべての教師、必読の書!